王选画传

丛中笑 著

中国科学技术出版社
·北京·

王选是一个普通人（代序）

王选去世后，社会各界悼念他，也有许多朋友对我表示慰问，借此机会我向大家表示感谢！

1975年年初，我了解到国家有个"汉字信息处理系统工程"项目（简称"748工程"），其中一个子项目是用于印刷的汉字精密照排系统。我同王选讲后，他被该项目的难度和应用前景所吸引，很感兴趣。王选在大学毕业不久，因劳累过度曾患过重病，当时他正在家休养，身体逐渐好转，所以他有条件进行调研和设计。经过调研，他决定汉字采用数字化存储，之后很快认识到汉字存储量太大的问题成了系统的关键，所以他首先设计汉字信息压缩方法。经过几次反复，确定了"轮廓加参数"的方法，这个方法不但能保证文字变大、变小时的质量，而且压缩倍数很高，500万字节的容量可以存放65万个汉字。上报给学校后，学校很支持，决定成立会战组。王选自然是会战组成员，因为方案是我与他一起讨论并由我向学校汇报的，所以也有我。王选原来是无线电系的，我是数学系的，从此我们成了同事。所以我和他既是夫妻，又是合作最早、时间最长的同事。

后来我配合王选继续改进方案，研究压缩信息复原成汉字的方法，并和同事们一起进行模拟试验，终于在1976年6月确定了数字存储、信息压缩、激光输出的完整的四代机方案。从此王选成为整个系统设计的负责人，具体承担核心部分的硬件设计，我负责软件，我们一起确定软硬件的分工与配合。后来王选成了单位的负责人，白天要处理各种事务，只能在晚上思考项目问题，有的难题就是在睡不着的时候想出解决办法的。他总是一天三段忙，节假日更是干活的最好时机。奇怪的是，尽管劳累，他的身体却一天天地好起来了。

因为忙，我们俩平时一起说话的时间都很少，我为了让他歇歇，有时故意找些轻松的话题，他或是没听见，或是没说几句又谈到工作上去了。我们吃饭常常是凑合，他也帮着做家务，但有时做着做着又跑去写起来了，我知道他总在想问题。只有1981年我患癌症时他做了一个多月家务，尽心尽力地服侍我，每天看着菜谱烧菜。但我出院后，他很快就非常忙碌了，他说："看来我只能派急用！"

生活上的困难是次要的，因为国产元器件不过关，我们系统的稳定性很差，所以不少人主张进口。当时学校流行写论文、搞理论和出国进修，对我们这种工程性强的工作压力很大，不少同志回系里去了。所以在取得初步成果后，有的同志提出应该见好就收，反正已经证明原理是对的，之后写写文章就行了。王选觉得如果到此为止，将来必然是进口设备的天下，我们的工作等于零。在那几年，我们听到的是一片反对声，有的说："北京大学设计的系统即使搞出来也是落后的！"有的说："外国设备展览之日就是你们垮台之时！"也有人说："用不了多久，就会把你们打得落花流水！"有的协作单位提出："要我们参加，你们必须放弃'轮廓加参数'的压缩方案！"王选对国外的工作做了仔细调研，确认我们的方案远比国外系统先进，只要改善硬件条件，局面定会改观。在国家的支持下，大家充满信心，顶风渡过了难关，经过几次升级换代，不但使所有进口厂商退出了中国，并使我们的产品出口海外，现在还进入了外文市场。同时，也使我国的报业、印刷业进行了彻底的技术改造。

随着事业的成功，王选的名气越来越大，有人称他为"当代毕昇"，他很不同意，说："'当代毕昇'是一个集体。"1991年曾出版了一本《王选传》，出版前我们没有看到封面和内容提要。后来王选在写给朋友的信里说："这本书封面上和内容提要中的提法不妥，'中国激光照排之父''当代毕昇'等提法均把大家的功劳归于一人……"他常常对我说："工作是大家一起做的，我已经得了不少荣誉，但好处不能只归我们。"一次我写了一篇文章投给《计算机学报》，他知道了说："《计算机学报》上你已经有两篇稿了，这篇你就不要署名了。"后来文章就署了做具体工作同事的名字。1980年我被提为副教授，按规定有成绩的五年后可以申请教授职称，后来我们单位个别有突出贡献的同事四年甚至三年就提了。1985年，Ⅱ型机在新华社投入使用并通过了国家级鉴定，大家对软件的评价也不错，按说我可以申请教授职称了，但王选让我与另一个同事一起申请，他说："你再等两年，等他条件够了，同他一起申请吧！"所以我是七年才申请的。到了评博士生导师的时候，王选说："你年纪大了，就不要当博士生导师了。"然后上报了比我年轻的同事，讨论时遭到反对，才又改了我。后来一次报奖时，他把一位年轻同事的名字排在我前面，又是遭到大家反对才改的。开发新软件时，他说："你年纪大了，拼也拼不动了，就让年轻人干，让他们出彩吧！"我觉得很对，就做改进老软件工作，还因为我熟悉整个系统，正好可以编一些虽不起眼但又需要的程序。后来我带领研究生开辟新的课题，并将软件协调工作交给了其他同志，我就彻底退出了第一线。

　　由于我们对许多问题的观点相似，所以彼此都很理解。我脾气急躁，他性格温和，所以很少发生矛盾。我有时说话偏激，他会指出哪几句不应该讲；他写的文章有不合适的地方，我向他指出，彼此都会接受。当然也有意见不同的时候，譬如他出名后，采访他的人很多，我很不赞成。他说："这是媒体的任务，再说经过他们宣传，使更多人了解我们的工作，对推广、招聘都有利啊！"在处理有些矛盾时，我嫌他过于忍让，他说："你要多从对方的立场考虑，譬如当年那些反对我们开发系统的人，其实都是好同志，他们只是按照惯例，不相信中国人能做好罢了。"个别同志对他有意见，他说："其实有些意见是误会，怪我没有同他多交换意见，实在是太忙了。"

　　在有的问题上，王选是非常认真的。有一次协作单位在开发一个软件时遇到了难关，他让我去帮助解决，当时这个单位和我们已经有了裂痕，所以我有抵触情绪不肯去，他对我发了脾气，这也是我们之间唯一的一次吵架。我冷静下来后还是按他的意见去办了，也明白他从不考虑成绩归哪个单位,只要做出来,算谁做的都行。在平时,他看见、听见不正确的做法或意见也会直接指出,不拐弯抹角,也不怕得罪人。有同志好心地要我转告他,即使看准了的问题也不要急于表态,他听后哈哈大笑说:"我办不到!"

2000年9月,王选病倒了,10月4日确诊为肺癌,医生说出了使我五雷轰顶的四个字:"最多两年"。我强忍悲痛同他回了家,我知道他是累垮的、压垮的。

回想这20多年来,王选一直在为做出创造性成果并使之出口海外而努力。他认为,应用性科技的成果要经得起市场的考验才能对社会有实际贡献,所以他坚持走产学研相结合的道路。他本来担任北京大学计算机科学技术研究所所长,尽管他认为自己没有管理企业的能力和兴趣,但为了工作需要,他在方正公司兼了职,后来还担任了九三学社中央副主席、全国人大常委会委员、全国人大教科文卫委员会副主任。政、企、学三方面的工作十分劳累,但最累的是随着事业的发展,各种矛盾和问题都摆在他面前,使他难于应对。他总想把各方面的工作做好,但处理起来现实的复杂难度远远超过科研攻关遇到的难题。面对巨大的压力,他常常整夜不能合眼。幸而有领导和大家的支持,才渡过一个个难关。但这种种情况使他的精力几乎耗尽。

也许是因为有过我患癌症的生死考验,面对突如其来的打击,我们都很冷静。确诊的第三天,王选就写下了遗嘱,第一句话就是"人总有一死",我知道他已经把生死置之度外,他让我不要隐瞒病情,每当出现新的情况,我们都一起讨论应该怎样面对。到了后来,他说:"管它什么情况,你去跟医生讨论就行了。"他已经完全不想自己的病,只是积极配合治疗,腾出精力做力所能及的事情。治疗间隙,除了参加活动,他主要做两件事。一是写文章,从确诊到去世的1900多天,有794天在治疗和住院,但他忍着病痛写出50多篇文章和讲演稿,他要把他用心血换来的体会供后人参考。二是关心帮助年轻人,他非常爱护年轻人才,尽量为他们创造有利的环境。他常跟年轻人谈话,病后出门少了就通过打电话、发邮件了解情况,鼓励和帮助他们。他左肺切除后一直胸痛,加之癌细胞转移引起多处疼痛,但他从不呻吟叫苦,住院期间常和医生、护士聊天、开玩笑。有人称他首长,他会玩笑着伸出手说:"我是这手掌。"

2005年11月，王选的病情恶化，完全不能进食，每天只能喝几口水和果汁，靠鼻饲营养液维持。即使这样，他还不肯躺在床上，坚持自己上厕所、自己洗澡，后来太虚弱了，才肯让我帮他洗。直到去世的前一天，他发着烧，身体非常虚弱，大家叫他不要下床，但他还想撑着自己上厕所，我知道他特别不愿意麻烦人，这之后大约两小时他突然消化道出血不止。第二天上午我陪在他身边，眼看着他停止呼吸和心跳，我看到他流出了眼泪，这是他病后第一次也是唯一的一次流泪，我知道他舍不得离开这个世界，舍不得离开他的事业和亲人，但是他还是走了。以前每次出差，他总盼着早点回家，但这次他永远回不来了。

现在大家纪念他，给了他很高的评价，我想他若在地下有知，一定会觉得当之有愧。因为论成绩，我知道他始终认为个人的力量是有限的，功劳不能归于他个人。论为人处世，与许多老科学家相比，与许多努力工作但默默无闻的同志相比，他没有突出的地方，只是他比别人有更好的机会。所以我想只要树立正确的道德观，形成良好的社会风气，为更多的人提供施展才华的机会，我国离建成创新型国家的日子也就不远了！

陈堃銶
2023年5月

目 录
CONTENTS

战乱年代"幸运"降生，温馨开明、爱国求实的家庭教育影响一生　　001

喜爱动物、课外书和户外游戏：边玩边学的少年　　011

"做学生干部最能锻炼人，先做个好人才能成就事业"　　019

徜徉在人杰地灵的燕园，打下坚实的数学基础　　027

人生第一个重要选择：选择"冷门"的计算数学，从此痴迷计算机研究　　035

一生中"最狂热"的"红旗机"研制阶段　　043

跨越生死线：研究京剧、学打太极拳和锻炼英语听力　　051

软硬件结合研究、结缘陈堃銶：一生中最重要的科研和爱情抉择　　059

"那些年，多亏有她我才坚持下来"　　067

用数学方法让汉字自由出入计算机　　077

跨越式研制激光照排，凭借领先技术挤进"748 工程"　　086

千辛万苦"孕育"首张报纸样张和首本样书，《光明日报》力排众议独家报道　　095

I

让国际社会惊叹,第一个申获欧洲专利	105
面对绝症,陈堃銶笑着对王选说:"我身体弱,癌细胞也不容易扩散"	115
如果1985年Ⅱ型机系统还不能实用,国家的经费我们一分钱也不要!	123
Ⅲ型机系统险中取胜,《经济日报》首家"告别铅与火"	131
计算机能处理汉字,能排版了,其意义不亚于原子弹爆炸!	141
科技顶天　市场立地	148
"今后衡量我贡献大小的一个重要标志,是发现和培养了多少青年才俊"	155
清而不激,和而不流,为而不恃,温文尔雅	165
我要像当年攻克科研难关那样顽强地与疾病斗争	179
"咱们不输血了,把它留给更需要的人吧!"	191
云山苍苍,江水泱泱,先生之风,山高水长	202

战乱年代"幸运"降生，温馨开明、爱国求实的家庭教育影响一生

20世纪30年代，上海衡山路964弄。

晨曦的微光照在旧式弄堂的石板路上，一辆人力拉车缓缓而来，停在石库门房子前。车夫用上海话悠长地喊了一声，各家的门开了，人们拎着马桶走出来，弄堂里顿时热闹了起来。新的一天开始了。

弄堂的15号，是座二层小楼，1937年2月5日，王选就出生在这里。

其实，王选的祖籍不是上海，而是无锡。王氏是无锡有名望的大家族，被称为"城中王氏"，到清朝一共出了32名进士。王选的曾祖父王綷，清朝同治年间中了进士，名列二甲第60名，至今北京国子监的石碑上还刻有他的名字。王綷后来官至福建主考，王家祠堂中供奉着王綷的牌位，每逢他的生日、祭日，全家人都要燃香祭奠。

王选的祖父王蕴亨，清朝时曾在苏州府和常州府谋事，辛亥革命后为避时难，全家迁回无锡，隐居家园，不问世事。王蕴亨过世早，家中事务主要由王选的祖母操持，她识文断字，为补贴家用，开设了一家学馆，招收学徒，教授四书五经。

1903年，王选的父亲王守其出生，由于是家中唯一的男孩，深受父母宠爱，自幼习读古书，高中时到上海读寄宿学校，1923年考上了上海著名的南洋大学（现在的上海交通大学）铁路管理专业，毕业后到上海新通工程贸易公司工作。这家公司专做机械工程方面的进口贸易，负

无锡王家是个大家族,王选祖母(第三排右五)生日时,子孙齐聚,济济一堂

责发电机等外国产品的咨询、进货、安装和调试,总经理和一批技术骨干都是大学工科毕业,抗战以前,公司生意很是红火。王守其工作踏实、恪尽职守,在这家公司从小会计一直做到总会计师,收入不错,日子过得殷实富足。

1920年,在北京上中学的19岁女子周邈清嫁到上海,成为王守其的妻子。

周邈清原是王守其的表姐,两人自幼订婚。周家也是无锡书香门第,周邈清的父亲周道章是我国第一代留学国外的知识分子,年轻时曾东渡日本学习化学和测绘专业,深受日本维新变革思想的影响。回国后曾师从我国近代著名数学家华蘅芳学习数学,打下了深厚的数学功底,后来在清朝的学堂教书,成为当时凤毛麟

角的工科教员。周道章积极倡导西学，据王选的舅舅周伯符回忆，周道章"是我国将数学书和讲义改成横排的第一人，也是我国用阿拉伯数字和拉丁字母书写算式的第一人"，这在当时是很新潮的做法，受到不少阻碍。后来王选喜爱和选择数学专业，与外祖父的遗传不无关系。

周道章反对封建迷信，没有让王选的母亲缠足，并把她送进北京近代最早引进西方教育的学校贝满女中读书。1919年五四运动爆发，18岁的周邈清目睹了学生们追求科学与民主的高涨热情，深受进步思潮影响。周道章还一度计划送周邈清到法国勤工俭学，后来因周邈清与王守其定了亲，没有读完高中便中断了学业。1920年，一派大家闺秀气质的周邈清嫁到了上海王家，聪慧的她依然喜爱读书，关心国家时事。

几年后，两儿两女相继出世，而老五王选却险些与这个世界无缘。原来，再度怀孕的周邈清一度不想要这个孩子，因为日军侵占上海后，家境日窘，照顾和教育两儿两女的任务已很繁重。恰巧这时周邈清的妹妹生病去世，周邈清和全家一起忙着料理后事，错过了去医院手术的最佳时机。1937年2月5日，王选"幸运"地降临人世。王守其给儿子取名"选"，除了按辈分名字中要带"辶"，王守其大概希望这个坚持要来世间走一遭的小生命，能够在遇到人生的岔路口时选择正确的道路。的确，事实正如王守其所料，王选一生经历了多次人生抉择，每一次都给他带来非凡的意义，甚至是

王选的父亲王守其和母亲周邈清

命运的转折。不过他和妻子没有想到,如果当初没让这个孩子出世,中国汉字信息处理和印刷出版领域的历史将会改写。

哥哥姐姐也十分喜爱王选这个可爱的小弟弟,经常和他开玩笑,说王选是"奶末头",最后一个吃母亲奶的;又说他是一个"多奶头",本不该来世上,是"多出来的"。

学步车中的小王选和哥哥姐姐,眼前的世界让他充满好奇

王选出生后不久,为了纪念卢沟桥事变,王守其给王选取了一个字叫"铜卢",但从未用过。当时,王守其所在的公司把大部分业务撤到了重庆,上海的生意日渐衰落,王守其的收入也随之下降,特别是到了抗战后期,五个子女都在上学,生活压力大大增加。好在王守其和妻子都是对金钱很淡泊的人,好日子能过,苦日子也能过。他们量入为出,把家打理得井井有条。因此,在王选儿时的记忆里并没有留下多少困苦的印迹,而是充满了温馨。

父亲给王选印象最深的,是抗日期间强烈的民族气节和爱国情感。上海的苏州河上有一座外白渡桥,长104.24米,位于苏州河汇入黄浦江口附近,始建于1856年,是中国第一座全钢结构铆接桥梁,也是连接黄浦区与虹口区的过河通道。上海沦陷后桥上挂起了日本国旗,中国人要想过桥,必须对着旗子三鞠躬。王选的父亲不愿受这份屈辱,好几年不走这座桥。

家里是绝对不许买日本货的,日本铅笔便宜,王选的大姐买了几支,却被父亲狠狠地训斥了一顿,并把铅笔丢到火里烧掉了。还有一次,父亲悄悄交给王选一张小画报,上面画着一个精神抖擞的

幸福温馨的全家福(左起:王选、二哥王迅、大哥王遹、母亲周邈清、父亲王守其、二姐王僖、大姐王俭,摄于20世纪40年代)

20 世纪 30 年代的上海外白渡桥

中国军人和一面中国国旗,王选非常喜欢,但他知道在沦陷区保存这样的画是非常危险的。父亲说:"没关系,把它藏在你们小孩子这里,不会有事的。"王选把画报藏在抽屉里,上面压上一本书,一直保存到抗日胜利。父亲的爱国情结使王选的幼小心灵受到了最早的

爱国启蒙教育,他树立了牢固的家国情怀,在日后面临重要的人生选择时起到了关键作用。

对王选产生另一个重要影响的,是父亲严谨认真、一丝不苟的行事风格。他给别人写信都用复写纸,以便留下底稿存起来。他组织大学同学聚会,给别人发邀请的同时也给自己写一封邀请信,而且要放在信封里贴上邮票寄出去,收到后再保存起来。在王选看来,这样做未免有些刻板甚至不可思议。然而,正是这种极端认真的行事风格使王守其从会计一直做到总会计师,账目上从未出过差错。王选也在不知不觉中受到感染。不过,王选认为自己没有遗传父亲做事有条不紊的性格:"父亲的整齐恰恰跟我是一个对比,我是特别的乱,平时东西经常找不到。这一点我没有从我父亲那里得到遗传。"当然,这只是表现在生活方面。

中学时代的王选(左)开心地和母亲、大哥在家中合影

与比较严厉、有点家长作风的父亲相比,母亲周邈清则开明善良、和蔼宽厚。她持家有道,不仅把孩子们照料得十分周到,还把家里家外收拾得井井有条。家里房子老了,闹老鼠。墙上的老鼠洞用水泥抹上,还没干,就让老鼠咬穿了。周邈清想出一个高招,在水泥里掺上玻璃碎屑、洒上敌敌畏,剧毒加上刺痛,使老鼠再也不敢咬了。母亲的烹调技艺也很高超,无论中餐还是西餐都拿手。王选的二哥得了肾结核,她专门买了一本菜谱书,照着上面的做法给

1994年，王选与大哥王遹（中）、二哥王迅（右）在一起

二哥精心调理，王选最爱吃母亲做的一道特色菜叫"肉烧百叶结"，鲜美的味道令他一生难忘。

母亲为人和善、乐于助人，对新鲜事物和社会进步总是抱着开明和拥护的态度。抗战时期，有一阵儿她每天在家踩缝纫机，做了许多棉背心送交前线。新中国成立后不久，母亲被推荐做了街道干部，在她的支持下，几个子女很早就加入了团组织，大姐还在新中国成立前夕第一个入了党。

可能是与母亲更为亲密的缘故，王选觉得自己受母亲的影响比父亲更多，在他身上洋溢着母亲善良、诚实、宽厚、谦和的人格魅力和乐于接受新事物的开放态度。不过王选也检讨自己："由于妈妈太能干，使我养成了一个缺点，从小不会做家务。"

王选的父母待人宽厚、诚实正直，常常教育孩子们与人为善，与他人分享快乐。邻里有什么困难，他们都乐意帮一把。家里常接待外地来沪的亲戚，有的还住很长时间，母亲始终热情招待，父亲还常常帮助王选的堂兄、表兄求职，或资助其上学、出国求学。所以他们有的在国外取得了学位，首先想到的是向王选的父母报喜。

这样的家庭氛围使得一家人亲密和谐、平等友爱。1950年，王选的二哥王迅患了肾结核，母亲精心照料，兄弟姐妹都十分关心，一放学就问病情。王选自告奋勇，负责每天给二哥量体温，一天三次，并将结果做成图表，将体温变化情况清清楚楚地体现出来，哪天看到体温有所下降，大家就高兴得不得了。在全家的关心照顾下，二哥王迅恢复得很好。

王选小时候，常有几个亲戚到家里走动，他们言谈举止中透出不凡的气质，在王选眼中是了不起的学者。王选印象最深的是在国民政府外交部任职的舅舅周伯符，他为人十分正派，后来做了驻墨西哥使馆的文化参赞，说一口流利的英文和法文，对中国的古文字和历史也很有研究。周伯符回国后受亲戚之托，做了武汉一间著名纱厂的资方代理人，但他对此兴趣并不大，办公桌上经常放着一大堆古书。晚年曾写成一部古文字研究专著，可惜未及出版就在"文化大革命"期间被毁于一旦。

王选的姨夫庄前鼎是老清华毕业，曾赴美国麻省理工学院留学，回国后长期在清华大学任教，新中国成立后担任动力机械系主任，对中国煤的分类很有研究。庄前鼎教育子女也很成功，他的四个孩子都考上了清华大学。

此外，还有上海交通大学毕业的姑夫和表姐夫。学机械的姑夫后来自己开办工厂，走上了实业救国之路；表姐夫在上大学时就独辟蹊径，挑选了冷门的造船专业，后被派往英国深造，回国后参与了新中国成立初期主要船舶的设计工作，成为这一领域的权威。

王选（前排左一）一家与姨夫庄前鼎（后排右一）等家人合影

这几个亲戚都是学者型的，舅舅的为人与钻研精神，姑夫的实业救国，表姐夫选专业的独辟蹊径，都在王选幼小的心里埋下了种子，对他日后选择人生道路带来了直接或间接的影响。

和谐温暖、开明进步的家庭环境培养了王选正直诚实、仁厚善良的品格，也树立了他爱国奉献的价值观。他和哥哥姐姐健康快乐地成长着，个个取得了骄人的成绩，均以优异成绩考上大学。大姐王俭1947年考上燕京大学医学预备班，后来到协和医学院读书；大哥王通被上海交通大学电机工程系录取，二哥王迅和二姐王僎也都考上了复旦大学物理系，王选则成为北京大学数学力学系的高才生。

喜爱动物、课外书和户外游戏：
边玩边学的少年

1941年9月1日，4岁的王选被父母送入南模幼稚园，开始了启蒙教育。

"南模"是上海市私立南洋模范中小学的简称。其前身是创建于清光绪二十七年（1901年）的南洋公学附属小学。1927年，南洋公学被国民党政府接管，改为上海交通大学，不再办附属学校，所属部分遂分离出来，正式成立南洋模范中小学，性质也从公立变为私立，但校址仍在上海交通大学内。1937年，上海交通大学被日军侵占，南模从上海交通大学撤出，迁入姚主教路（现天平路）200号的一栋花园洋房，逐步稳定下来。从20世纪30年代末开始，王选的哥哥姐姐相继进入南模读书。1941年，南模新设幼稚园，4岁的王选成为第一批入园生。

开学这一天，幼稚园的全体老师和孩子们在花园草坪前合影，从1927年就担任南模校长的沈同一也来祝贺。小小的王选盘腿坐在前排，和其他孩子一样，首次离开父母的羽翼，脸上满是陌生又好奇的神情。

每天上午发点心是温馨甜蜜的时刻，但拿到点心不能急于享受美味，要先对发点心的值日生礼貌地说"谢谢"，对方则要回答"不客气"。给王选留下印象最深的是一名和蔼的老校工，他五六十岁的样子，讲一口苏州话。小孩子总是盼着家长早早来接自己，有时父亲来得稍晚一些，王选就忍不住哭鼻子。这时老校工总是用苏州话拖长了音安慰

1941年9月1日，南模幼稚园创办日师生合影（第三排左九为南模校长沈同一，第一排左十二是4岁的小王选）

说："弗要哭，弗要哭，来哉—来哉！"等父亲远远地来了，他又说："王先生，王先生，奥骚—奥骚（快点，快点）！"王选于是破涕为笑，哥哥姐姐常常拿这件事取笑弟弟。

只上了一年幼稚园，5岁的王选便升入南模小学，开始了求学生涯。学校的教学楼是一座南洋风格的建筑，校园里曲径通幽、景色怡人。上学不久，王选就对语文产生了浓厚兴趣。小时候的王选个子不高、眉清目秀，圆圆的眼睛透着一股聪慧和灵气，语文老师十分喜欢这个聪明专心的学生，整个小学期间王选的语文成绩都很突出，五年级学校举办作文比赛，王选写的是父亲让他保留那本印有中国军人画刊的故事，绘声绘色，生动感人，在比赛中得了优胜奖。也许是文史相通的缘故，后来王选又喜欢上了历史。历史老师陆维周毕业于上海大夏大学，他把枯燥的历史课讲得有声有色，王选听得入迷。王选家中有一位老伯母，闲时教王选和哥哥姐姐读四书五

经,哥哥姐姐念了没几天就躲出去玩了,只有王选一个人专注、认真地坚持读。多年后,王选发现文科知识对他的科研和教学大有好处,所以他一直主张理工科学生要增加人文科学知识,而文科学生应具备自然科学基础知识。

然而,王选的父亲更看重数理化,因为他觉得自己在这方面学得不够扎实,所以一直督促孩子们在数理化上多下功夫。后来五个子女上大学考的都是理工科和医科,与父亲的影响有很大关系。王选虽然大学学的是数学专业,但小学时他的数学成绩并不突出,四年级时甚至还有一次不及格的记录。那年王选随全家回无锡安葬祖母,没有参加暑期考试,开学要进行补考。小小年纪的王选并没有把这当作一回事,疯玩了一个暑假,开学一补考只考了50多分。母亲急得连忙到学校跟老师解释,老师却安慰说,王选平时聪明听话,成绩还是不错的,这次不及格主要是暑假没有好好复习。母亲这才

左图:小王选与大哥、二哥合影,照相的时候也亲密地手拉着手

右图:旧时的上海南模中学校门

放下心来。不久王选的数学成绩就追了上来。

除了抓教学，学校还组织了不少有意义的课外活动，以培养学生对科学的兴趣。教导主任陈友端兼任王选班级的自然课老师，他带领学生参观明代科学先驱徐光启的墓地、徐家汇天文台和佘山天文台，听专家介绍天文知识使王选对探索科学奥秘萌发了极大的好奇心。

小学的学习环境非常宽松，性格活泼好动的王选上课时专心听讲，放学回家不到一小时便把作业做完，然后跑出去和同学一起玩各种有趣的游戏。王选发育比较晚，从小学到初中一直是班上个子比较矮的学生，到了高中才开始猛长。由于个子小、身材文弱，所以王选偏爱技巧性的游戏。当时同学间风靡在泥地上打玻璃球，有许多玩法和规则，或是比赛进洞，看谁瞄得准；或是划出一道弯弯曲曲的路线，看谁弹得远。王选很喜欢这种需要较高判断力和控制力的游戏，功夫越来越高，练就了一身"绝技"，到了初中已名列年级前三名。再就是用硬纸板拍毽子、踢小皮球、打乒乓球。高中时王选最喜欢打篮球和乒乓球，由于有打玻璃球的基本功，他投篮准确率很高，乒乓球则落点准、角度刁。这些户外活动培养了王选和同学间的友谊和集体精神，"身怀绝技"的他很受大家欢迎。

小学时的王选

王选和哥哥姐姐从小生活在书的海洋中，父母为他们购置了上百本适合青少年阅读的书籍，从《小学生文库》到《中学生文库》，一应俱全，这也成为王选课余增长才学、陶冶情操的一大乐趣。在漫长而炎热的暑假，每天吃过午饭，母亲便把客堂里的地板拖干净，铺上几条凉席，王选和哥哥姐姐各捧一书，或躺或卧，尽情徜徉在书的世界中。

20世纪三四十年代的上海，是中国最大的工商都市和对外贸易港口，也是重要的文化中心。抗战胜利后，美国电影登陆沪上，观看美国电影成为流行时尚。当时上海有一些十多岁的"阿飞"学着美国电影里的情节为非作歹，所以王守其只允许子女们看《米老鼠和唐老鸭》之类的卡通片，不准他们看美国故事片，更多的时候，是与孩子们一起欣赏京剧。

父母还支持孩子们喂养各种各样的宠物，以培养他们的爱心和责任心。王选家的天井里就像动物世界，除母亲怕有狂犬病不许养狗外，鸡、鸭、猫、兔、龟、鸟、鸽子、蟋蟀、金鱼、热带鱼等应有尽有，"陆海空"俱全。王选6岁的时候，家里养了一只猫，黑白相间的绒毛，顽皮可爱，起名阿咪。后来阿咪生下了小猫阿黄，小家伙黑白黄三色毛交织，像披了一身漂亮的绸缎，王选尤其钟爱这两只猫，冬天让它们睡在自己被窝里。从小学到高中，王选与猫结下了不解之缘。后来由于工作繁忙，不能养猫，得知家附近有人养了只雪白的波斯猫，有很长一段时间，早上王选从北京大学锻炼回来，总要特意绕一个弯经过那里去逗逗它；平时看到好看的猫，王选也忍不住去摸一摸，他喜欢猫的情结始终没有改变。

王选和哥哥还养了十几只鸽子，有两只鸽子跟王选非常亲近，经常趴在他的手上、肩膀上，王选特别喜欢，给它们分别起了名字，一只笨笨呆呆的叫"木婆"，另一只叫"面孔"。每天早晨放飞鸽子，在阳台上看它们飞向遥远的天空，王选感到特别快乐。

王选还有一个乐趣是跟哥哥一起在草丛里抓蛐蛐、逗蛐蛐，也因此腿上生了很多疮，许久才好。

整个小学期间，王选的平均成绩一直名列前茅。1948年，王选以班上第二名的成绩从小学毕业，被保送升入南模初中部。从1947年开

1955年，王选（左一）与大哥和二姐在家中。动物是他们共同的喜好

王选喜欢动物的天性终生未变，这是1989年他在千岛湖公园逗蛇

始，南模初中部改在了上海西郊的七宝镇，所有学生必须住校，一周才能回家一次。父母担心王选的安全，劝他在附近上别的学校。但王选觉得过集体生活更有意思，而且他还有个心愿：要在南模从幼儿园一直坚持读完高中，成为"空前绝后的南模元老"。

父亲说："既然孩子这么喜欢这所学校，就去吧，锻炼锻炼。"

七宝镇是典型的江南小镇，空气清新，环境秀丽，但学校的生活条件十分简陋。没有电，晚上在教室上自习点的是汽油灯，宿舍里是亮度更差的煤油灯。几十个学生住在一间大屋子里，无论寒暑，每天清晨都要集体出操，伙食也比城里差得多。王选每周六傍晚坐班车回家，带回一周的脏衣服，周一一大早再坐班车回学校，衣服已经被母亲洗干净叠好放在包里，还有母亲炒的拿手菜。每到周一，同学们都会从家里带些好吃的互相交换。

小小少年是不知愁滋味的，王选和杨嗣隆等几个要好的同学在七宝镇找到了更好玩的去处。小镇宽阔的空地，可以尽情地踢足球或玩游戏。镇上一些国民党军队留下的碉堡，成了大家捉迷藏最好的"隐身"场所。由于王选比较合群又能出点子，大家都愿意找他玩。空气新鲜，活动多，吃得也香，王选身体反而比小学时健康了。

南模初中的教师许多都是大学毕业，据王选回忆，听他们讲课完全是一种享受，因为"是一种启发式的教育，他们的教学生动活泼，从来不搞题海战术，而是启发学生的兴趣和主动性。通过生动的教学启发学生的兴趣爱好和学习的自觉性，觉得念书是一种乐趣。"

到了初三，在数学老师刘叔安的影响下，王选迷上了数学。

60多岁的刘叔安教了一辈子数学，总结出一套独具魅力的教学方法，他讲课不停地做着各种手势，比如讲到分子与分母颠倒，他就把大拇指和食指相对起来上下转动，同时用青浦口音说"翻个转身"。他还教给同学们许多巧妙的速算方法，例如计算末位数是5的数的平方，可以用$(a5)^2=[a\times(a+1)]25$这个公式，如$15^2=[1\times(1+1)]25=225$；又比如，计算一个数乘11的方法可以用以下公式表示：$ab\times11=a(a+b)b$，如$12\times11=1(1+2)2=132$。刘叔安生动愉快的教学法引导着王选仿佛踏进了奥妙无穷的宫殿，很快对数学着了迷。到后来老师的教学进度已不能满足他，王选便自学新的内容，那一年学期中间，他就把整个学期的习题全部做完了。看到王选的数学成绩如此突出，刘叔安欣然提笔在王选的初中毕业留言册上写道："我教过你们三兄弟，你们是'王氏三杰'。"

住校有较多的业余时间，除了学习和室外活动，王选常常徜徉在课外书中。武侠小说带他进入了另一个精彩世界，最让他着迷的是武侠小说《蜀山剑侠传》，曲折的情节和侠义精神深深吸引着少年王选，几年下来，他把100多本全部看完了。多年后王选碰到金庸，曾笑谈自己少年时对《蜀山剑侠传》这部大部头武侠小说的痴迷和喜爱。王选性格中敢于担当、坚忍不拔、重情义、讲信用等特点，不能不说与他的武侠情结息息相关。

初中三年的集体生活培养了王选的集体观念，对他一生影响很大。多年以后，王选总结说：

在这种集体生活中，性格孤僻、自私和不合群的人是不容易受欢迎的，也会受到压力的。而这些缺点恰恰是今天高科技时代取得成就的重要障碍，需要在青少年时代加以纠正。

前几年我看到一个美国著名心理学家的公式："I（我）+We（我们）= Fully（developed）I（完整的我）"。只有把个人融入集体，才能体现完整的自我价值，而小学和中学的环境使我在青少年时代就较好地融入了集体。

"做学生干部最能锻炼人，先做个好人才能成就事业"

1947年，小学五年级的王选获得了一项"重要荣誉"。一天，教导主任陈友端在班上宣布要评选一名"品德好、最受欢迎的学生。"课堂上立即热闹起来，经过一番讨论，同学们把焦点集中到了王选身上，因为王选学习优秀、文明有礼、团结同学、热心班级工作。最终，王选以压倒多数的高票获得了这项荣誉。

这是一个非正式的奖项，王选并没有放在心上，也没有告诉父母。他觉得自己被同学们选中的原因是"人缘好"，别人夸他的优点，是从小父母就要求他做到的，自然而然，并非刻意为之，所以很快就把这件事淡忘了。直到数十年后，王选才意识到这一荣誉对自己一生的重要性，平生经历告诉他，一个人要想有所成就，首先要做个好人。他总结说：

"毫不利己，专门利人"是绝大多数人包括我自己在内根本做不到的，我赞成季羡林先生关于"好人"的标准：考虑别人比考虑自己稍多一点就是好人。我觉得这一标准还可以再降低一点：考虑别人与考虑自己一样多就是好人。青少年时代就应努力按好人标准培养，这是德育的重要内容，只有先成为好人，才能做有益于国家、有益于人民的好事。

王选题写的有关"好人"的格言

> 学会为别人考虑才能成为一个好人，只有好人才能取得真正的成功
>
> 王选
> 2002.1.7

2002年2月，王选被授予我国科学家的最高荣誉——国家最高科学技术奖。不久北京大学对王选进行了隆重的奖励，在颁奖大会致辞中，王选重新提起童年获得的"品德奖"。他深有感触地说：

现在想起这一"荣誉"与我后来的成就有很大关系。因为从这以后我一直担任学生干部，懂得要以身作则、诚恳待人，虚心接受各方面的批评，特别注重团队精神。这些都是现在的学术带头人必须具备的一些重要素质。一个好的科学家或企业家首先应该是一个好人，才能带领队伍。

这段讲话集中反映了王选一个重要的道德理念和做人原则——"好人观"。其精髓是：考虑别人与考虑自己一样多就是好人；只有先成为好人，才能成就伟大的事业。他一生坚守这一原则，尽管在复杂的人际关系和坎坷的人生道路上，他的"好人观"有时让他困难重重；尽管有人好心劝他做人不能太好了，"害人之心不可有，防

人之心不可无"，但他坚定不移，无怨无悔，用毕生的所作所为诠释和展现了一个真正意义上的"好人"。

小学五年级被选为"品行出色"的学生不久，王选被推选为班长，从此，他的心中除了自律，又多了一个自我要求：多为他人考虑，多为班集体服务。上初中后，王选担任学习委员，除了负责学习，还负责宣传。王选字写得不错，画铅笔画也很拿手，在学校和同学间小有名气。据一位中学同学回忆，王选曾教他画吉普车，几笔就能画出一辆，栩栩如生。1947年南模校庆，王选画了一幅轮船，被选中参加学校的画展。后来学校举办一些政治宣传活动，便找王选去画大幅漫画，张贴在墙上，或制成宣传牌上街游行。王选曾遗憾地说自己在书画方面没有继续发展，到了高中、大学就"越来越趋于一般化了"。

因为有这些出色的特长，老师把办墙报的任务交给了王选。对于一个十来岁的孩子来说，这确实是一项非常繁重的任务，既要组稿、审稿，又要自己写稿。同学交来的稿子如果特别潦草，他还要一笔一画抄一遍再贴到墙上，很费时间和精力。不过王选喜欢这项有意义的工作，为了增加墙报的吸引力，他搜集了许多智力测验和趣味数学题，还用心琢磨出一些文字游戏，比如在"口"字上、下、左、右分别加上一个字，使它成为另一个字，等等，同学们兴趣盎然，猜得不亦乐乎。

1949年5月，上海迎来了解放，12岁的王选和哥哥走上街头，亲历了解放军进城的一幕：他们纪律严明，没有进老百姓家，而是和衣睡在大街上。这使王选从内心感到敬佩和亲切。不久，王选的大姐加入中国共产党，大哥很快也加入了青年团，他们经常给全家人讲一些革命道理，在王选心中打下了深刻烙印。1951年，刚满14岁的王选提交了入团申请,被顺利批准,成为班里唯一一名团员。这是王选在追求进步思想的人生路上迈出的第一个坚实脚印。

初中三年一眨眼就过去了,在七宝镇自由清新的空气下,王选的思想和知识继续健康向上,学习成绩一直保持在班上前三名。毕业前夕,王选恋恋不舍地和同学们互赠留言。他在好朋友杨嗣隆的留言册上写下了"劳则思,逸则忘"的格言,原文出自清代李文炤《勤训》。王选还画了一只可爱的米老鼠和两辆急驰的吉普车,显示出他出色的古文和绘画功底,更表现了他勤奋向上的人生追求。

管理宿舍的老舍监在王选的留言册上写道:

"我观察了三年,从没有发现他与人吵过架,这是一个品行好、功课好、给我印象最深的好孩子。"

1951年,王选又回到了天平路200号的南模高中部,就读于高一(丙)班。

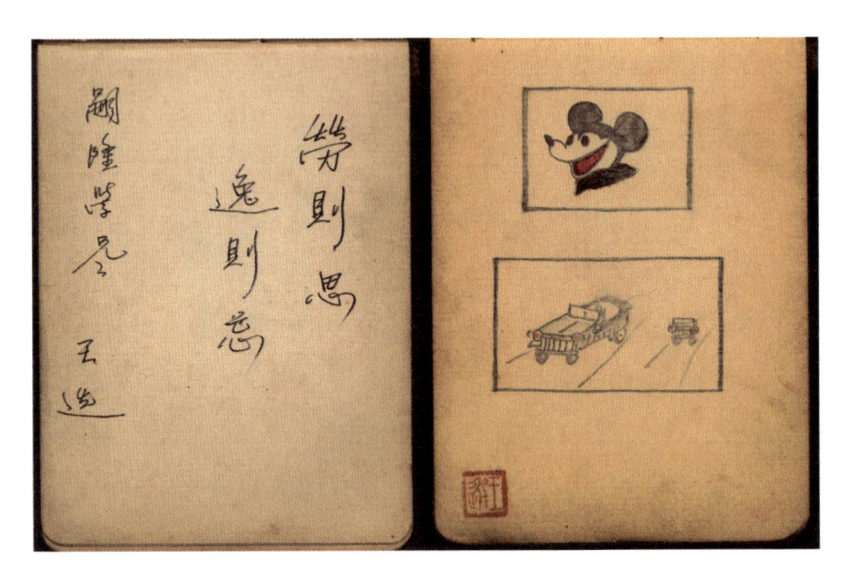

初中毕业时王选给同学杨嗣隆的留言和绘画

南模高中教学楼——红楼

　　高中时期的王选对班级和社会工作投入了更大的精力，好友们称他为"社会活动家"。

　　一上高一，王选就忙坏了，因为全班50多个同学，只有他一名团员，所以理所当然地成为团支部书记，从高一到高三，班上团员发展到十多个，大多数新团员的介绍人都是王选，找人谈话，写材料，开会，过组织生活……20世纪50年代，正值新中国刚刚成立，举国欢腾，百废待兴，全国上下各种运动一浪接着一浪，运动的浪潮波及各个领域，南模也不例外。有一段时间王选几乎每晚都要近11点才回家，放假也闲不住。暑假的一天，王选一连开了好几个会，晚上又参加学习班，一直到半夜。王选看天太晚了，便在学校的地板上睡了

高中时期的王选

一宿，第二天接着开会，中午才回家。这可把家里人急坏了，母亲和姐姐以为王选在电影院看电影，于是两人赶到电影院，举着一个写着"寻找王选"的牌子，在黑乎乎的电影院里转了几圈，也没有找到。

由于王选工作出色，高一那年被选为全年级唯一的优秀团员。

对于孩子的忙碌，王选的母亲一直积极支持和鼓励，不管王选回来多晚，她都做好热乎乎的夜宵等着。王选有滋有味地吃，母亲坐在对面看着，边嘱咐慢点吃，边询问开会的情况。那时母亲正担任街道干部，对社会形势、时事政策同样非常关心，母子俩互相交流有时到很晚。

除了社会工作，王选对班级工作同样非常热心，多年来母校的培养使王选对南模充满感情，并为这个集体取得的每一份荣誉而自豪。为了强健身体，母亲给王选买了一个篮球，他放学后经常和同学在操场上奔跑跳跃。南模中学篮球队的水平很高，在上海中学生篮球比赛中多年领先。王选上高二时，学校篮球队以54∶19的绝对优势夺取了上海市中学联赛冠军，由于他们是1954级的学生，大家把这一胜利称为"1954的绝对优势"。

高三的时候，为了庆祝国庆节，班上很多同学提议举办一个舞会。王选不会跳舞，甚至还有点"老法"（上海方言，意思是"保守"），他挽起袖子搬凳移桌，布置会场，为同学们服务，看到大家翩翩起舞，王选高兴得合不拢嘴。

从小学五年级被选为班长，直到大学毕业，王选足足当了12年学生干部。这些宝贵的经历沉淀在王选的生命中，成为他日后成功

王选（第三排左六）高中毕业时与1954级全体团员合影

的重要因素，王选说，这些经历让他终身受益。

长期的学生干部经历使我懂得要以身作则，为别人着想，要诚恳待人，虚心接受各方面的批评。学生干部的经历也提高了我的组织能力和表达能力，这是一个人能够做出成绩的不可缺少的素质，对我后来做事业还是有很大帮助的。如果只懂得读好书，一个书呆子很难在应用科学里做出成绩来。应用科学里要带领一个队伍，要学会处理很多协作关系，没有这样一种干部经历，我认为是不利的。后来我在招聘员工时很注意他们是否当过干部，因为组织管理能力对于研究、开发和经营都是至关重要的。

王选的高中生活让社会活动占去了大部分精力，他在学习上并不怎么费功夫，由于基础扎实、方法得当，加上聪明灵慧，王选整个高中的学习成绩一直保持在班上前五名。

转眼到了高三，该报考大学了。最初王选和班上不少同学一起报考了中国人民解放军军事工程学院，由于体检未通过而没有如愿。

1954年夏，王选以优异的成绩考取了北京大学数学力学系。

2004年10月，67岁的王选再次回到南模，出席母校103周年校庆活动。阔别多年，王选见到了中学、小学还有幼儿园的同学，许多人多年未见，已经皓首苍颜。大家一起坐在教室里，重温儿时的记忆。同学们推举王选第一个发言，王选走上讲台，已身患重病的他只能坐在椅子上讲话。王选一开口，便露出一副顽皮模样，他用不同的方言惟妙惟肖地模仿了当年好几位老师说话的口音、语气，一下子把大家带回到50多年前。最后，他握起右拳高举过头顶，做出宣誓的样子，用崇明口音学起小时候沈同一校长带大家宣读的誓言：

"我为陶冶品性而来，愿遵守校规；我为研究学识而来，愿尊敬师长；我为锻炼体魄而来，愿爱护自己……"

王选兴致勃勃地学着、说着，脸上洋溢着孩子一样的笑，眼睛里闪烁着幸福的光芒，与同学们一起沉浸在美好的往事中，完全忘记了自己是一个重病缠身的人。人们恍惚间看到当年活泼可爱的"小王选"又回到了同学们中间。

中小学是一个人成长的关键时期，王选多次强调自己在南模受到良好的教育是幸运的，这座他钟情和热爱的母校不但给了他优秀的品格、出色的学识，更重要的是锻炼了王选的处事能力和团队精神，这一切都为他的大学学习和日后取得成功打下了基础。

徜徉在人杰地灵的燕园，
打下坚实的数学基础

1954年夏，17岁的王选第一次离家北上，踏上了人生的又一旅程。

那一年南方暴发洪灾，为了保证路途安全，北京大学将上海赴京的新生组成一个学生团，王选被选为副队长，负责一个小队的协调和管理工作。报到那天，王选身着白衬衫、脚穿布鞋，由父母送上了火车。

经过两天三夜漫长的颠簸，终于到了北京。接站的校车满载着新生驶进北京大学西校门，美丽的校园景色一下子映入眼帘，石狮华表、湖光塔影、花繁叶茂、草木青青……这座创办于1898年的中国第一所国立大学，以它雕梁画栋的皇家气派、兼容并蓄的文化风范深深触动着王选的心，他用"震惊"形容自己看到那些精雕细刻的大屋顶古建筑时的感受，"因为在上海从未见到这类建筑"。王选从心底里爱上了这座园子，在这样人杰地灵的圣地读书，是一种无尽的享受。

大学时期的王选

1954年，北京大学数学力学系在全国招收了200多名新生，这一年级日后出了包括王选、张恭庆、张景中等在内的7位院士，在北京大学数学力学系的历史上是空前绝后的。

来自五湖四海的学生被分成9个班,王选所在的6班和9班是尖子班,不过开始时大家并不知道。王选自认为普通话水平不高,刚到北京时不太敢在班上讲话。后来他发现许多同学普通话水平还不如自己,每到班里开会,不少同学的普通话都带有浓重的家乡口音,有的干脆说着方言。大家一交流,还闹过不少笑话:有位同学在饭馆要了"一盘儿"饺子,结果服务员端上来120个;有位同学听北京人从他面前过,说"劳驾,借光",还以为向他借火抽烟。大家这么一说,王选也放松下来大胆开口,而且辨别和听懂各省方言的能力也大大提高了。

从中学的初等数学进入大学严密的高等数学范畴是一个很高的门槛,值得庆幸的是,王选一入学就受到名师的精心教导,顺利地跨越了这一门槛。

1954年《解放日报》刊登的北京大学数学力学系华东区录取名单(王选的名字在右下角)

大学一、二年级,同学们不分专业,上的是基础课。当时北京大学的校长马寅初主张把基础课作为办学重点,请的都是名师任教。教王选解析几何的是年过半百的一级教授江泽涵,学术上几乎与华罗庚齐名;教数学分析的程民德当时37岁,已是正教授;教高等代数的丁石孙才27岁,毕业于清华大学,据说北京大学数学系代主任段学复曾表示不惜用6个人去换丁石孙一人来北京大学,足见他才华之出众。此外,还有教理论力学的王仁、教实变函数的冷生明……这些教师有的经验丰富、治学严谨，有的教学方法独特、自成体系。王选很喜欢实变函数这门课，他找来一本和冷生明的教科书风格不一样的参考书对照着自学，最终把两种方法揉在一起、融会贯通。

为了让学生更好地消化吸收所学知识，系里还开设了习题课，以小班为单位，每个班20余人，一周数次，抓得很紧。名师的指导、严格的训练使王选在学业上扎扎实实地迈出了第一步，为他后来搞计算机应用研究奠定了重要基础。王选总结道：

大学的基础课学习使我养成了一种严密思考、严密推导、分析问题、归纳问题的数学思维，这种思维方法对搞计算机研究是极其重要的。计算机本身就是数学和电子学结合的产物。存储程序计算机概念的提出者冯·诺依曼就是一位杰出的数学家，美国微软公司董事长比尔·盖茨也是一位数学天才。国际计算机领域最高奖图灵奖的获奖人，或者是数学出身，或者有很好的数学修养，几乎无一例外。究其原因，我看至少有三点：

1. "抽象"是数学的本质，而计算机硬件、操作系统、高级语言和应用系统的设计中经常使用"抽象"的手法。

2. 数学基础好、逻辑思维严密的人，一旦掌握了软件设计和编程的基本方法和技巧后，就能研制出结构清晰、高效率和可靠的软件系统。

3. 好的算法往往会大大改进系统的性能，而数学基础对构思算法是很有帮助的。

事实证明了王选的这一观点，在后来研究汉字激光照排系统时，王选正是依靠扎实的数学功底，发挥数学的"魔力"，使汉字信息处理技术这一困扰中外科学家的难关迎刃而解。

与紧张的学习相比,大学生活同时也是轻松愉快、丰富多彩的。入学后不久,王选和同学们就参加了庆祝新中国成立5周年的天安门国庆游行,还有周恩来总理在中山公园举行的欢迎西哈努克亲王游园会,王选为此专门花时间学习了集体舞。每天下午四点半以后是体育锻炼时间,活泼好动的王选积极参与,他尤其钟爱篮球和乒乓球。与小时候玩玻璃球类似,王选的绝招是"投篮准"和"落点刁"。

利用闲暇时光,王选和同学们还饱览了北京的名胜古迹:北海、长城、碧云寺、香山等。一次,他和几个好友带上干粮去了卢沟桥,数十千米的路程骑车来回,一点也不觉得疲劳。

王选还记得第一次去颐和园时的深刻印象:

大学时的王选(右)与大哥、大姐同游北海公园

因为过去从未见过这样宏伟的皇家园林。1954年秋游人很少,大多数的殿都免费开放,殿内有很多展品,包括慈禧的画像。当时的颐和园尚未修缮,保留了新中国成立前破旧的状况,与今天相比,倒有些原汁原味的意境。丁(石孙)先生对1954级情有独钟,1956年曾与1954级同学一起划船游颐和园,并在石舫讲了话,他说"现在的青年学生给我最深的印象是大家都有理想"。那一年我才看到一批白发

的老画工，冬天在长廊上燃起了炉火，一笔一笔地画人物和花鸟画，使长廊的面貌焕然一新。

吃惯了食堂，偶尔改善一下伙食是一大乐趣。王选还记得和六七个同学去东来顺吃涮羊肉的情景：当时不用火锅，而是在桌上的铸槽里注水，每个人在面前的沸水里涮肉吃，这让第一次吃涮羊肉的王选新奇不已。还有一次全班集体改善生活，买来鲜肉和作料，到附近住家借来铁锅和炉子，炖了一大锅香喷喷的红烧肉，大快朵颐。

王选（后排左一）及同学们与丁石孙（后排左三侧脸者）游颐和园

当时的青年教师与学生们年龄相差不多，关系也很融洽。丁石孙举行婚礼时，王选和同学们都去闹洞房，并送上一个洋娃娃，祝他们早生贵子。程民德入党，王选和一些学生干部也被邀请参加，那隆重而热烈的场面使他深受感染。

北京大学是新文化运动的中心和五四运动的发祥地，是中国最早的马克思主义和民主科学思想的源头之一，也是中国共产党最早的活动基地之一，校园中涌动着爱国、进步、民主、科学的氛围。在北京大学求学的学子没有几个不被丰富多彩的报告感染过，王选也不例外。当时北京大学的校长马寅初已年过七十，"威望高，面子大"，所以常能请到领导人来北京大学演讲。王选就聆听过周恩来、陈毅、胡耀邦等人的精彩报告，这一切深深感染着王选，他把追求政治进步和学业有成放在同等重要的地位。上大学不久，王选被选

031

为团支部书记，后来又担任了分团委的副书记。大量的学生工作和社会活动占据了他很多精力，可王选乐此不疲，中学当干部积累的丰富经验让他游刃有余，想出很多搞好集体活动的好办法。一次，为了使同学们了解国家在各个领域的建设和发展情况，王选提出举办一个故事会，通过"大家谈"的方式达到目的。他发动大家分头去调查采访，通过各种渠道了解家乡和各行各业的变化，在故事会上逐一讲述。结果反映热烈，故事会开得别开生面，效果奇佳，还得到了北京大学团委的重视。王选也受到了师生们的一致好评。

在同学眼里，王选是一名有理想、学习好、能力强、乐于助人的好干部。大学一年级时，一位同学得了肺结核，买不起棉衣，王选得知后拿出一次都没有穿过的新衣服，一定要他穿上。同学感动的同时觉得不好意思，后来把棉衣还给了王选。王选也不嫌弃，不

大学时代风华正茂，王选（第三排中间）与大学同学合影

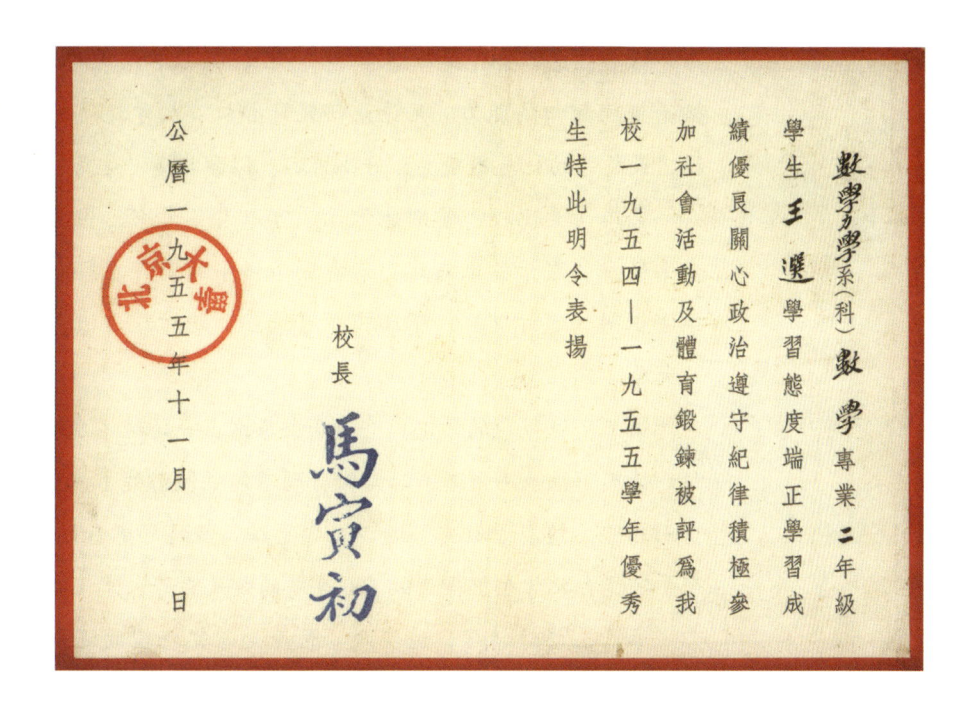

> 数学力学系（科）数学专业二年级
> 学生 王选 学习态度端正学习成绩优良关心政治遵守纪律积极参加社会活动及体育锻炼被评为我校一九五四—一九五五学年优秀生特此明令表扬
>
> 校长 马寅初
>
> 公历一九五五年十一月　日

1955年，王选被评为北京大学优秀生

曾想因此传染上了肺结核。尽管较快得以治愈，但从此以后他的肺比较虚弱，为日后的大病埋下了隐患。

1955年，大学二年级的王选被评为北京大学优秀生、北京大学青年"三好"积极分子，这在当时是一项很高的荣誉，每班只有一两名学生获得。学校颁发的证书上写着表彰的理由："学习态度端正，学习成绩优良，关心政治，遵守纪律，积极参加社会活动及体育锻炼。"

大学前两年的基础课学习告一段落，善于思考和富有创造性的王选总结了一套独特的学习方法：

第一，踏实、一丝不苟。对高中、大学的基础课程，不要总问学这些课程有什么用，而应认真学习，把基础打牢。比如说学数学，每个基本概念都要弄得一清二楚,一丝一毫都不能马虎,要培养一种严格的推理和归纳能力。无论是研究计算机、数学还是其他任何科学领域,最忌讳的就是不踏实、好高骛远、似懂非懂,这是学习的大敌。

第二,要比较、鉴别地学习。可以看参考书,但要少而精,看参考书的目的在于鉴别对比。看看这个体系的定理在那个体系里应该怎样去证明。通过这样一个比较学习过程,就对这个概念的了解提高了一大截。

第三,做习题的方法。坚持两条原则:一是绝不在概念还没有弄清楚的情况下很快去做题;二是做习题不能搞题海战术,当然也不能强调少而精,关键在于做完习题以后要总结。经过思考和总结经验做10道题,可能会比你糊里糊涂做100道题的效果要好,掌握的知识更牢固。

第四,要边学习、边实践。无论是研究物理的还是数学的,尤其是研究计算机的,在假期中可以玩玩计算机、编编程序、做点实验。实践不能盲目,一定要在正确原理指导下进行。动手对全面理解、掌握知识和提高自身能力很有帮助,这无论对中学、大学还是做研究工作都是重要的。

人生第一个重要选择：选择"冷门"的计算数学，从此痴迷计算机研究

1956年，大学二年级下学期，王选迎来了人生第一个重要选择：选专业。在大多数同学都选修数学专业的情况下，他却独辟蹊径，选择了"冷门"的计算数学。这一抉择使王选从此与计算机结缘，也体现出他与众不同的远见和洞察力。

在此之前，系里是不分专业的，同学们上的是一样的基础课。三年级开始分成数学、力学和计算数学三个方向，学生可以根据自己的爱好选择专业。

每个同学都知道，选择正确的专业对前途命运有非常关键的作用。数学，这门古老而又成熟的学科是尖子学生的首选，几个免修基础课的同学不约而同地选择了数学专业。

选择计算数学，意味着要跟计算机打交道。现在看来这是个极其热门的专业，但在20世纪50年代中期，情况却相反。虽然早在1946年美国科学家毛奇利（J. W. Mauchly）和埃克特（J. P. Eckert）就发明了世界上最早的电子数字计算机，1951年他们又研制成功世界上第一台通用商业化计算机，在美国人口统计局投入实际应用，但在当时的中国，计算机在人们心中还是一个遥远、神秘甚至陌生的梦想。计算数学不要说在北京大学，就是在整个中国都是新兴学科，不但没有一套像样的教材，而且应用性强于理论性，包含大量非创造性的技术工作，在多数人

035

眼中不见得有多高深的学问，前景也很渺茫，所以这个专业显得冷冷清清，乏人问津。

王选却觉得，越是古老、成熟的学科，越是完整严密的理论体系，越难取得新的突破；新兴学科往往代表着未来，越不成熟，留给人们的创造空间就越广阔。为了证明自己的观点，他到图书馆查阅报刊资料，有两篇文章引起了他的注意：一篇是钱学森访问苏联的文章，提到苏联把计算机应用在人造卫星等航天工业上，起到了很好的作用；另一篇是中国科学院数学研究所胡世华撰写的，讲的是计算机将在未来战争中发挥神奇威力甚至控制整个战争。王选看后信心大增，觉得这是一个前景十分广阔的领域。还有一个更重要的原因促使王选下定决心。1956年我国制定了《1956—1967年科学技术发展远景规划》，把电子计算机、半导体、无线电电子学、自动化技术等列为我国急需的重点技术。看到这些，王选感到欢欣鼓舞，看来发展计算技术不仅是国际潮流，也是国家的需要。他后来在自述中说：

一个人必须把自己的事业和前途同国家的前途命运联系在一起，才有可能创造出更大的价值奉献于社会。就这样，我下决心选择了计算数学专业。实践证明，这一选择是完全正确的，它为我今后的科研工作奠定了第一块基石。

与王选一样选择计算数学的有20多名学生，是1954级全部学生的十分之一。

选择计算数学后，王选对计算机技术投入了极大的热情和关注，他期待着能够在这一新兴领域有所作为，在进军科学技术的洪流中发挥作用，这成为他在大学三、四年级发奋学习的动力。

在学了一年计算数学专业以后，大学四年级的王选要上计算机课了。计算机什么样大家谁也没见过。当时电子计算机技术属于尖端科技，就是在美国和苏联也被视为国防机密，我国的计算机研究当时处于刚刚起步阶段。

专业课开课的第一天，同学们都吃了一惊。任课老师叫张世龙，只有28岁，他的讲课内容居然是自己设计的计算机样机。在王选和同学们的印象中，张世龙喜欢穿皮夹克，年轻帅气，和气健谈，常跟同学们开玩笑："先生先生，其实是比你们先生几年而已。"

引领王选跨入这道神秘大门、生平第一次触摸计算机的，正是张世龙。

张世龙可以算是我国计算机事业的拓荒者，他毕业于燕京大学物理系，有扎实的物理和数学基础，平时喜欢摆弄无线电收音机，动手能力很强。1956年，张世龙筹备建成了无线电实验室，指导计算数学班的学生做实验，同时开始设计计算机。他查遍了图书馆，根据搜集到的十分简单的外文文献，在没有任何成品比照的情况下自行设计了一台计算机模型，取名"北大1号"。虽然零部件的工艺水平很差，主板没有用插件的形式，而是焊了一块大板，所以很难调试成功，也无法运行，只能算是一台计算机模型，但其逻辑设计和电路设计是严密准确的。张世龙还绘制了详尽的原理图，使得本来枯燥的计算机课变得直观、充实、生动，取得了相当出色的教学效果。

张世龙可以称得上是王选的计算机启蒙老师，他聪明大胆而富有创造力、敢为人先的勇气和精神给王选以深远的影响，王选深有感触地说：

张世龙先生对我最大的影响就是敢为人先。他能在那么简陋的条件下，没有很多的国外资料，靠一些杂志上零零碎碎的点滴的东西，大胆设计一台计算机，不但逻辑设计是严密正确的，好多高招都是他自己琢磨出来的，而且把它装配了出来，这是不可想象的，是充满创造性的劳动。敢于做前人未曾做过的事，没有相当的勇气和胆识是不可能做到的。张先生"敢为人先"的勇气影响了我后来的科研生涯。

1958年，大学课程基本结束，开始实习。张世龙决定把改进"北大1号"作为实习内容。他发现王选思维敏捷、逻辑严谨，又具有团队精神和管理能力，是进行科研设计的好材料。于是，在确定了设计原理和思路后，张世龙把具体设计"改进1号"的任务交给了王选。

设计计算机这一充满创造性的工作让王选入迷、激动、跃跃欲试。老师的信任使王选在感到自豪的同时，也感觉到了肩上的担子。北京大学也对"改进1号"寄予很大期望，希望用半年多

1958年冬，北京大学数学力学系1954级计算班师生在数学力学系办公楼前合影（前排右二为王选，右五为系主任段学复，右四穿大衣者为张世龙）

的时间研制成功，向国庆献礼。时间的紧迫更加大了王选的压力，他开始加班加点地干。有一天半夜，王选迷迷糊糊地从上铺爬下来，穿好衣服去机房接班调机，直到第二天中午才去食堂买饭，路上就觉得上衣不对劲，好像从蓝色变成了灰色，口袋里的笔也细了一圈。王选想，自己肯定是累糊涂了。一进食堂，一个同学就冲王选说："你把谁的衣服穿上了，怎么这么短啊？"王选仔细一看，原来是把同学的上衣错穿到自己身上了。从此，王选在生活上的"马大哈"出了名。

1958年，王选（右一）和同学及协作单位的同事在"北大1号"机前合影

"改进1号"的运算器和控制器终于调试完毕，但由于存贮器用的国产磁鼓不过关，虽然王选他们费了很大力气，仍未能使机器投入运行。不过这次实习让王选对计算机从逻辑设计到调试有了一个完整翔实的认识，动手能力也大大加强了。更重要的一点是王选对计算机设计到了痴迷的程度，他在接下来的"红旗机"研制上投入了巨大心血。

1958年夏，未名湖畔水波荡漾、杨柳成荫，王选以优异的成绩从北京大学毕业并被留校任教，从此再也没有离开过这座园子。

王选一直感恩数学系对自己的培养。2003年在北京大学数学系建系90周年之际，王选写了一篇文章表示祝贺。

1998年5月,北京大学百年校庆仪式上,王选和季羡林先生及青年教师代表刘忠范一起撞响大钟

我觉得,北京大学数学系有三个优良传统。

1. 优秀教师讲基础课。数学系打下的扎实基础使我终身受益。

2. 治学严谨。教材严谨,讲课严谨,科研成果经得起检验,数学学院的院士个个成就过硬。

3. 老一代科学家全力扶持年轻一代成长。江泽涵先生大力支持姜伯驹,使姜伯驹28岁时创建了"姜群",43岁当选为学部委员;程民德先生大力扶持张恭庆,使学生的成就超过老师;"文化大革命"后程先生又开创了模式识别方向,使石青云在指纹识别领域作出杰出贡献,学生石青云的成就又超过了程民德老师。

数学系创长寿纪录并继续保持新纪录的是徐献瑜先生,这与他风趣乐观的性格有关。他教过我基础课和专业课,不少课程的内容我已忘记,但徐先生讲朗斯基行列式的特性我始终牢记在心。徐献瑜先生1956年在讲述朗斯基行列式时说:"朗斯基行列式一点为0,

则统统为 0。好比说'北京大学有一个人伤风，则全校统统伤风'。"

现在我把徐先生的朗斯基行列式比喻改成下面的话：

"徐献瑜先生一个人健康长寿，则数学学院所有的人统统健康长寿。"

在庆祝座谈会上，主持人代为宣读了这篇充满"王选风格"的讲话，引起全场哈哈大笑和赞同的掌声。

2004 年 4 月，北京大学原数学力学系的 1954 级校友举行入学 50 年聚会，在大学同学面前，王选的记性奇好，几乎能叫得出每个人的名字。他决不突出自己，合影时坐在边上，开会时和大家一样坐在台下，让丁石孙等当年的恩师在主席台就座。

大家轮流发言，轮到王选时，他绘声绘色地讲起了当时流行的描述人生历程的一段顺口溜：

四字诀

0 岁　登堂亮相；10 岁　天天向上；20 岁　充满幻想；30 岁　基本定向；40 岁　到处吃香；50 岁　挣扎向上；60 岁　告老还乡；70 岁　搓搓麻将；80 岁　晒晒太阳；90 岁　躺在床上；100 岁　照片挂在墙上。

王选边在台上讲，台下边笑，等他讲完，台下已经掌声笑声一片……

王选一生对北京大学感情深厚，他曾写下这样的话：

的确，北京大学浓厚的学术气氛、严谨的科学作风、喜欢标新立异的创新精神和兼容并包的传统，都对王选一生产生了深远影响。

2003年，王选在北京大学数学力学系纪念册上的留言

学号　5401072

想说的话

大学四年是我一生中知识和学习能力增长最快的阶段，为日后的发展打下了扎实的基础。四年同窗生活充满了友谊和美好回忆，也经历了肃反、反右等不幸事件。历经磨难的我们这一代人没有辜负人民的期望，在自己的工作岗位作出了贡献，这是值得欣慰的。

一生中"最狂热"的"红旗机"
研制阶段

1958年夏，王选成为北京大学数学力学系的一名教师。留校不久，王选和同事们就在张世龙的带领下，投入到新型电子管计算机"红旗机"的研制工作中，开始了他一生中工作"最狂热"的阶段。他完全沉浸在科研的快乐中，将一腔青春热血投入进去，甚至为此差点丢掉性命，但换来的是计算机逻辑设计和调试的硬功夫。

1958年，我国科技界和高等院校掀起了轰轰烈烈的研制计算机的热潮。中国科学院计算技术研究所设计了一台每秒6万次的大型电子计算机，清华大学设计了一台每秒1万次的中型电子计算机……北京大学也决定研制一台每秒达1万次定点运算的中型计算机，如果成功，其运算速度可以列入当年世界前10名。在那个火红的年代，北京大学给这台计算机起了一个同样火红的名字——"红旗机"，并将具体研制任务下达给张世龙。

听说北京大学要研制计算机，一些高校和科研单位提出请北京大学帮助培养计算机人才，于是北京大学吸收了20多个兄弟院校及科研单位的上百人参加。为了便于管理，北京大学成立了"红旗营"，张世龙担任营长，他把王选抽调过来担任"营参谋"，作自己的左膀右臂。

计算机是高新技术，不是依靠一大拨人"大干快上"就能一蹴而就的，调来的人员几乎没有人懂得计算机原理，懂电路的也不多，所

1960年，王选（前排右一）与北京大学无线电系335教研室同事在北京大学未名湖畔合影

以"红旗营"的热闹场面维持了不到半年就结束了。1959年新春前夕，北京大学决定组建无线电系，张世龙、王选和计算数学教研室从事"红旗机"硬件设计的教员一并调入，组成了计算机与自动控制专业，简称335教研室，室主任由张世龙担任，继续进行"红旗机"的研制工作。

很快，张世龙提出了总体设计，包括计算机字长、指令结构、基本指令、加法器模式和基本的电路设计构思。张世龙把具体设计任务交给王选、杨天锡、吴大奇等几个青年骨干。王选是逻辑设计的主力，同时承担了部分电路设计和工程设计任务。

以现在的眼光来看，当时的"红旗机"简直就是庞然大物，十几个机箱摆了一大间房，每个都有大立柜么大。画接线图、布版、做插件、焊接成百上千个焊点……这些烦琐的工作王选做得一丝不苟，他知道任何一点差错都会增加计算机调试的难度。为了方便工作，王选住进实验室，早、中、晚三段工作，晚上就打开铺盖睡在办公桌上。王选还想出一些独特巧妙的方法，使运算速度大大加快，设备得以简化。比如，运算进位过程中遇到一个整形电路比别的电路慢10倍，严重影响了运算速度。王选设计了一个灵巧的存储进位方法，把原来一位位串联进位改成四位一组成组进位，绕过了这个整形电路，使运算速度大大提高。

看到王选这一独特的设计，他的同事（也是大学同学）毛德行回想起一件趣事：上学时在北京大学东操场看露天电影，由于出口很窄，散场后成百上千人只能一个挨一个地慢慢往前挪。王选则采取"遛边策略"，绕过中间的人群更快地走出了操场，早早回到宿舍，王选得意地称之为"最快的逃逸方法"。这就是王选在遇到问题时异于常人的思维方式和解决方法，他戏称为"投机取巧""走捷径"。后来王选在研制激光照排和电子出版系统时，正是多次采取迂回策略，实现了一次次技术上的跨越式发展。

1959年夏，"红旗机"的逻辑设计顺利完成。张世龙惊喜地发现，王选的设计思路灵活、逻辑严密、算法准确，如此复杂的设计只出了两个小错，实属不易！下一步，该进入联机调试的关键阶段了。恰在这时传来了不幸的消息，年仅30岁的张世龙被卷入"反右倾"斗争的风波中，成了"以党内专家自居的'右倾'机会主义分子"。上面命令他立即撤出会战组，到农村去劳动改造。临行前，张世龙把调试"红旗机"的艰巨任务交给了王选。

王选对张世龙的遭遇愤愤不平，他向老师保证一定圆满完成任务，

王选在"红旗机"前敲打查找虚焊点,经过一番敲打捉到一个"鬼"(影像截图)

并将全部精力投入工作中。因为"红旗机"使用的是自行设计制造的国产元器件,在电路和工艺上存在很大问题,经常出现虚焊点,影响了机器的稳定运行。王选要和同事们一起在几万个焊点中找出虚焊点,称为"捉鬼"。就是拿一个小锤子在插件上轻轻敲打,遇到有虚焊点的地方,一敲打机器就会马上停止运行,这样就"捉到了一个鬼",然后把出问题的插件拔出来修理。当时新闻制片厂曾到北京大学拍摄过"红旗机"的研制情况,这段珍贵的录像资料被保留了下来,从中可以看到王选和同事们"打鬼"的场景。后来王选专门设计了一个检查的软件,节省了不少时间。这也是王选设计的第一个被正式使用的软件。

随着调试工作的步步深入,王选几乎到了"入魔"的地步。他每天工作14个小时以上,最紧张的时候40个小时都不曾合眼。有时错过了吃饭时间,和同事一起到饭馆,点的菜还没端上来,王选已经趴在桌子上睡着了。有时熬完通宵回到宿舍坐在床上就睡着了，后来同事们有问题叫王选都有一个经验，光叫醒他不行，一定要在旁边看他穿好全部衣服才能离开，否则他可能又睡着了。

因为长时间缺乏睡眠，王选有时甚至控制不住会说胡话，但一到机房，他就变得格外精神，聚精会神地想出各种高招，解决一个又一个技术难题。近一年的时间，王选都处于这样一种高度紧张的工作状态，没有休息过一个节假日，没有任何娱乐，连处理个人私事的时间也没有。同事们由衷地佩服，都称赞王选是"拼命三郎"。

1960年冬，由于接连不断的自然灾害，国民经济和人民生活陷入了严重困难阶段。因缺乏睡眠已经十分疲惫的王选又开始遭遇饥饿的折磨。每个人的米面都实行定量供应，为了节省口粮，王选的晚饭经常是稀粥加一小碟黄酱。20多岁正是年轻力壮的时候，王选原来以吃饭慢而闻名，现在喝粥速度不断加快，常常在5分钟内喝下3大碗滚烫的稀粥。屋漏偏遭连阴雨，就在这时，王选刚刚领来的20多斤粮票被偷了，没有粮票就买不了饭票，没办法，他只好提前向食堂预支，为了偿还又把本来就不够的口粮减到了每天8两。

过度的疲劳和饥饿使大家出现了不同程度的水肿，王选最严重，他全身水肿，数月不退，时常头昏眼花、心跳过速。然而，王选却像一台高速运转的机器，无法停止下来，他自信地以为凭借年轻和良好的身体素质咬咬牙就过去了，万万没有想到一场大病正悄悄袭来。

经过艰苦的调试，"红旗机"终于成功运行了。然而学校的实验室不是设备精良的工厂，国产磁心存储器等关键部件不过关，使得"红旗机"最终没有投入实际生产和使用。不过，"红旗机"完全依靠自主力量设计、生产和调试，在技术上有了创新和突破，而且培养出了王选等一批我国早期计算机技术骨干力量。王选在设计和调试"红旗机"中显示的才华，尤其是他的"拼命三郎"精神感动了同事们，包括在田野里劳作的张世龙。从那时起，王选被公认为教研室里"脑子最灵活、记忆力最好、工作起来最玩命的年轻人"。

多年后，王选用"跌打滚爬"来形容这三年硬件第一线的磨炼，并对自己的动手能力有了深刻的认识。他说：

一定要在年轻的时候养成自己动手的习惯。一个新思想和新方案的提出者往往也是第一个实现者，因为开头人们总会对新思想提出怀疑，而只有发明者本人才会不遗余力，承受一切艰难困苦、百折不回地予以实现。

1961年春，万物复苏。"红旗机"的研制工作告一段落，系里交给王选一项教学任务——讲授计算机逻辑设计课。这是王选第一次给本科生授课，为了使教学内容深刻生动，王选决定大量阅读外国文献，以了解国际上计算机技术发展的最新动向，而且不看翻译过来的中文书，只看原版英文文献，这样既锻炼了英文阅读能力，又能避免译文不准确可能带来的误解。白天没时间，王选就坚持在晚上10点到12点腾出时间看文献。

当时我国困难情况稍有好转，北京大学小南门对面的长征食堂有时会卖田鸡炒面、肉丝炒面。有一次王选和毛德行等几个同事去吃饭，正赶上卖田鸡炒面，每人要了半斤，头也不抬地吃完了这顿美味。回来的路上，有人叹道："我们身体亏损严重，赶快回去睡一觉，把这顿饭的营养全部吸收。"王选想的却是：今天饱餐一顿有了能量，可以比平常多看一小时书。那天晚上，他看文献到很晚才睡。

就这样，王选一边与水肿和饥饿搏斗，一边阅读了100多篇关于计

算机技术的英文文献。正当王选在计算机研究的道路上阔步前行的时候，长期的劳累加饥饿彻底摧垮了他的身体，一场大病降临，低烧不退，胸闷憋气，呼吸困难，几个大医院的大夫诊断王选可能得了可怕的不治之症。北京大学第三医院的大夫怀疑是红斑狼疮，但是血液化验却找不到红斑狼疮细胞。阜外医院诊断王选得的是结节性动脉周围炎。这两种病在那个时代都是很难医治的重病。

王选开始了长期病休的生活，他行动困难，连5分钟的路都走不了，整天坐在椅子上或者躺在床上。一日三餐不得不请董士海等同事帮忙到食堂打饭，到医院看病也全靠毛德行和同事用自行车把他送去。吃药打针，用尽治疗办法，最后甚至用了激素，但王选始终低烧不退。

1961年，王选（前排左一）与北京大学无线电系335教研室同事在颐和园合影

学校的食宿条件实在简陋，1962年王选不得不回到上海父母身边治病。离开北京时是6月，天气已很炎热，王选却披着一件棉衣在同事们的搀扶下登上了回家的火车。看着昔日里性格温和、聪敏活跃、工作起来又认真玩命的王选如今弱不禁风地坐在那里，前途未卜，同事们心中难过，个个表情凝重。王选抬起胳膊招招手，微笑着开起了玩笑："同志们，永别啦！"送行的同事却没有一个人笑得出来。

跨越生死线：研究京剧、学打太极拳和锻炼英语听力

1962年，王选请了长期病假，回到上海家里。父母都老了不少，做人本分正直的父亲还戴着"右派"的帽子，情绪低落。母亲看到儿子瘦得弱不禁风，心疼地说："你就是太累、太饿生的病。没关系，有病治病，会没事的。"听了母亲的话，王选一下子有了一种安全感。

接下来就是跑医院。医生需要了解王选过去的病情，可是病历都在北京的医院里，没能带回来，王选就根据回忆自己写了一个详细的病历。大夫看了非常吃惊，问他："你是在医院工作的吧，病历写得这么专业。"王选说："我是搞计算机的。"大夫笑了："难怪，逻辑严密，用词准确。"

上海的医院对王选的病也是一筹莫展。后来，二哥打听到一位姓包的老中医医术高明。母亲连忙带着王选去看，包老先生看后对王选说："小兄弟，你来得有些迟了，不过可以试试看。"吃了他开的药方，开始两星期没有起色，接着竟神奇地有了好转。其实，王选的病正是劳累过度引起功能失调和自主神经紊乱造成的，只要静养和精心调理是能够慢慢恢复的。母亲也认准了这个道理，她亲自抓药、熬药，花样翻新地给王选做各式饭菜，甚至想办法买来昂贵的甲鱼给王选滋补元气，从没有表现出气馁或疲倦。

母亲的坚强和无微不至的照顾给了王选极大的信心。他觉得自己不

能就这么无所事事地躺着,应该做些什么。可是整天憋得喘不过气来,好像有一块大石头压在身上,以这样的体力看那些科研文献根本没有可能,母亲也不允许。

1965年春节,在沪养病的王选(后排左二)与父母兄姊及侄女们留下一张难得的全家福

王选想起了京剧。

京剧是王选一家最主要的娱乐爱好。家里从很早起就订了当时有名的戏剧杂志《戏剧旬刊》和《十日戏剧》,收藏了梅兰芳、余叔岩、马连良、程砚秋等京剧名家的大量珍贵唱片。每天晚上,父亲都要打开收音机收听京剧演出的实况转播。小时候王选跟父母睡在一个房间,总是在袅袅的京剧唱腔中进入梦乡。

除了在家听戏,周末的晚上,父母还常带王选和哥哥姐姐到剧院去看京剧。出门前,每个人都精心打扮一番,父亲西装革履,母亲身着淡雅合体的旗袍,几个孩子也被装扮一新。王选将头发梳得

光光的，穿上小西装，对着镜子上下照看，那模样煞是可爱。到了戏院，王选的眼睛就更不够使唤了，每到一个人物出场就急着问父母："是好人，还是坏人？"尤其是碰到花脸。舞台上生旦净末丑轮流出场，唱念做打，一招一式，都是那么新奇有趣。

天长日久，几个兄弟姐妹无形中受到熏陶，全都喜欢上了京剧，并开始学着唱。王选上初中的时候已经唱得有模有样了。一天晚上乘凉，姐弟四人合唱了一出全本《打龙袍》。这是一出传统京剧，故事取自《狸猫换太子》，王选的大哥唱李太后，二哥分饰王丞相、老陈琳和灯官三个角色，二姐唱宋仁宗，王选则唱主角——花脸包公。小小年纪的王选从心里喜欢为民申冤、充满正义的包青天，把这一角色扮得活灵活现。京剧这门古老的国粹艺术成为伴随王选一生的爱好，给了他无与伦比的乐趣和慰藉。

精心打扮的小王选与哥哥姐姐们合影

上大学后，听京剧的机会大大减少，但碰上好的场次，痴迷京剧的王选也不会放过。一次马连良、谭富英等一大批名角在北京展览馆剧场演出《群英会》和《借东风》，这么大规模高档次的演出平时在西郊是不容易见到的。王选在报上看到广告后，一大清早就去排队，买了好几张票和同学兴致勃勃地去一饱眼福。

现在，家里保留下来的《戏剧旬刊》和《十日戏剧》还整整齐齐地摆在那里，王选一本本翻看起来。这些杂志图文并茂，既有名角的演出剧照和生活照，又有描述戏剧历史、轶闻掌故、戏园变迁、演员生平的生动文章，更有对戏剧表演方法、演出技巧和基本功的探讨，王选像阅读文献资料一样看得如痴如醉，边看边找出家里收藏的唱片对照着聆听。

从盛夏到隆冬，王选沉浸在悠扬的京剧文化和京腔京韵里，对京剧的理解和喜爱又上了一个层次，对京剧历史和戏剧理论有了深入了解，从清朝同治年间一直到1949年前后的著名京剧演员、唱腔流派甚至各派绝活儿，他都能一一道来。王选曾这样评述自己喜好的各家流派：

老生里我最喜欢余叔岩。我最爱听的是余叔岩20世纪20年代灌的唱片，比如1924年前后的《战太平》，这是他的全盛时期。1905年谭鑫培的《秦琼卖马》也是极品。50年代的杨宝森、马连良，再就是谭富英，也是我喜欢的名角儿。

花脸里喜欢金少山，天生的好嗓子，特别洪亮，这一派可惜没有继承人，也没有人有这么好的嗓子。另外裘盛戎也很出色。

武生里最喜欢杨小楼，他是清末成名的，据说慈禧太后非常喜欢他的戏。杨小楼嗓子特别好，我最喜欢他的念白，开创了"武戏文唱"的路子。

旦角里喜欢梅兰芳1937年以前的唱片，《生死恨》《四郎探母》《玉堂春》《三堂会审》和杨小楼合演的《霸王别姬》，这都是梅兰芳40岁出头灌的唱片，代表了他的最高水平。1937年日军侵占上海后不久，梅兰芳不再演戏，1945年恢复上台以后，嗓音、气口都下降了一大步，很多人听的是晚年的梅兰芳，不知抗战前三四十岁的梅兰芳好到什么样的地步。

王选喜爱京剧，缘自家传；喜爱到了"研究"的程度，则缘自他凡事爱钻研的性格。此后的岁月，京剧陪伴王选一生，陪他越过生命极限，挺过艰难岁月，也给了他科研上的深刻启迪。在王选遭遇命运坎坷、世事缠身和晚年病痛的折磨时，更是京剧使他不平的心绪回归宁静祥和。

1963年春，王选终于可以下地走动了，他来到离家不远的衡山公园，享受着温暖的阳光。王选越来越意识到身体健康的重要性，必须找到一种适合自己的锻炼方式。在公园里，他结识了一位精神

王选晚年珍藏的京剧音像资料

王选晚年在北京大学校园中晨练，打太极拳是他坚持了数十年的锻炼方式，几乎从未间断过

矍铄的师傅，太极拳打得很是出色。王选便跟着学起来，他没有力气一口气打完整套路数，只是跟着比画几下，却非常喜欢这套古老的中华功夫，在行云流水、刚柔相济的阴阳开合之间，王选感到心神宁静、全身舒畅。从此，打太极拳成为王选的主要锻炼方式，伴随一生。

王选是个不甘碌碌无为的人，身体稍有好转，他又想到中断了的英文文献研究，他四处托人找资料，还从北京大学一位教授那里借到了美国计算机学会权威杂志 Communications of the ACM，如饥似渴地钻研起来。

王选中学时就喜欢英语课，高中的两位英语老师水平尤其高，其中一位还是美国哥伦比亚大学的文学硕士，在他们的教授下，王选打下了较好的英语基础。到了大学，由于当时我国与苏联的友好关系，外语课改学俄文，但王选是个有主见的人，他看到计算机领域欧美比苏联的技术要先进得多，所以一直坚持自学英语，英语水平在系里数一数二，不用查字典就可以轻松阅读英文专业书，但他的英文阅读速度总是上不去，做不到像中文那样一目十行地浏览。他仔细分析原因，发现是反应能力不够快，而提高方法就是练习听力。他说：

反应能力的提高光靠多看书是解决不了问题的。学习英语要做到四会：听、说、读、写，听要反应很灵敏，假如一句话里面有一个单词不懂得，打一个磕巴，想想这个词的意思，底下的几句话就听不进去了，马上就会漏过去。所以练习听力不仅能锻炼口语，还可以提高反应能力，从而加快英文阅读速度。

1963年年初，王选决定通过锻炼英语听力来提高英语水平，这被他称为人生中的又一次重要抉择。

王选看到家里阁楼上有一台收音机，那是在复旦大学学物理的二哥改装的，里面加了短波波段，他很快找到了北京电台的对外英

20世纪60年代王选阅读的计算机英文文献和学习笔记

语广播节目，每天定时收听。开始时总遇到生词，后来越听越熟练，往往听四五分钟才遇到一个生词。再后来王选觉得不过瘾，开始寻找外语广播，很快找到了英国广播公司BBC对远东的英语广播，这个节目在每天下午五点一刻到五点半播放一刻钟的新闻，它的发音比中国对外广播的发音要准确，难度也大。

1963年，北京大学无线电系党总支副书记陈良焜来上海出差，顺便看望王选。王选把自己听英语广播的事告诉了陈良焜，这给陈良焜带来很大震撼，因为此前王选的病曾被诊断为不治之症，没想到王选不但未被病魔压倒，而且如此专注地学习英文，为的是能够及时了解世界科技发展动向，如果没有对人生积极乐观的态度和坚持不懈的毅力，是根本无法做到的。回到学校后，陈良焜把王选学英语的事告诉了同事们，大家均赞叹不已。

此后连续两年多时间里，王选每天坚持听半小时英语广播，听力水平大幅提高，英语阅读速度明显加快，能够像看中文书那样一目十行了，口语能力也大大增强。

现在看来，王选的做法没有什么新奇之处，但在40年前这样做的理科老师可谓凤毛麟角。这一决定为王选日后在科研中了解国外技术发展方向、采取独特的技术途径起到了重要作用。

软硬件结合研究、结缘陈堃銶：
一生中最重要的科研和爱情抉择

早在 1961 年，王选就作出了一个被他称为"人生中最重要的决定"。

当时正是计算机技术和理论大发展的时期，许多著名的计算机相继问世，正大量阅读计算机文献的王选仿佛走进了一个叹为观止的世界，他被这些计算机体系结构的巧妙设计深深吸引。渐渐地，王选开始问自己，为什么只能欣赏别人的成果，而不能有自己的创新思想呢？于是他开始寻找创造的源泉，即这些创新构思的背景。

通过调研做出创造性成果的科学家的研究经历，王选发现了一个规律：他们大多具有两个以上领域的知识和实践，因此在面临挑战时往往会萌发新的构思。最让王选激动不已的是英国曼彻斯特大学于 20 世纪 50 年代末研制的一台大型计算机 Atlas，每秒运算高达几十万次，支持多道程序。主设计师叫汤姆·基尔本（Tom Kilburn），他精通程序，又有很出色的无线电才能。由于英国比较穷，用不起超大容量的磁心存储器，基尔本只用了 16K×48 位的磁心存储器，再加上第二级 90 多 K 字的磁鼓存储器，首创了虚拟存储器。同时，又以极大的魄力用晶体管分立元件实现了这一创新的方案。

通过上述发现，王选逐步领悟到当时计算机硬件方面的很多高招都来自程序和应用（后来叫软件）的需要，硬件和软件的结合给计算机体系结构带来了一系列的突破。自己虽然有过"北大 1 号"和"红旗机"

的研制经验，但只掌握硬件设计，不懂得程序和应用，照样产生不出创新的想法。

1961年，王选做出决定：从硬件转向软件，从事软硬件相结合的研究，以探讨软件对未来计算机体系结构的影响。

在那个年代，王选的这一决定闪烁着灵慧的前瞻意识，当时"软件"这一名词还没有，引领王选入门的是苏联科学院院士叶尔晓夫写的《快速电子计算机编制程序的程序》等书籍和资料。然而，一场大病中断了王选的科研脚步。

现在，身体稍稍恢复的他决定继续进行软硬件相结合的研究。1963年夏，王选常花上半天时间到上海图书馆看文献。气温高达39℃，虚弱的王选站在公共汽车上，浑身是汗。图书馆里没有空调，闷热难耐，可王选一看到那些文献资料就忘了一切。

虽然看了大量文献，但王选总有种"浮光掠影"的感觉，他决定深入一步，研制一个真正实用的系统，这样才能切实理解软件对硬件的影响。王选决定从研制 ALGOL 60 高级语言编译系统入手。ALGOL 60 语言是联合国教科文组织下设的一个工作小组设计的计算机高级语言，王选是从北京大学数学力学系女教师陈堃銶给他借来的美国计算机杂志上得知的。20 世纪 60 年代初，这还是一个新兴领域，当时国内从事这方面研究的单位只有两家，到哪里去找高级语言编译系统的资料呢？王选再一次找陈堃銶帮忙。说来也巧，陈堃銶当时常参加中国科学院计算技术研究所的讨论班，得知那里有油印的英文资料《ALGOL 60 修改报告》，便设法要了一本，并托王选教研室的同事捎到了上海。

王选拿到后爱不释手，但仔细一看，却感觉像天书。王选有这样

王选设计 ALGOL 60 高级语言编译系统的手稿

的感觉一点都不奇怪，ALGOL 60 是当时国外刚研制出不久的高级语言，所谓修改报告就是最后的确定本，两三年以后才有介绍这一语言的通俗文章。王选开始动用全身心的力量来啃这块"硬骨头"。

转眼到了 1964 年，王选终于读懂了这部"天书"，一种新奇的、茅塞顿开的感觉让王选兴奋不已。了解了软件才算真正懂得计算机，而高级语言、汇编语言（和机器语言）以及微程序语言是三个不同级别的语言，只要贯通这三者，就能在体系结构上有创新的构思。

为了证实自己的想法，王选马不停蹄地开始了 ALGOL 60 编译系统的设计，并把进展情况写信告诉了陈堃銶。陈堃銶高兴极了，她给王选回信说 738 厂正在研制一台 DJS-21 计算机，王选的 ALGOL

60 编译系统正好可以配合着同时进行。这给王选带来了巨大的鼓舞，他列了一个计划，每天工作 6~8 小时，用 90% 的时间从事 ALGOL 60 编译系统的研制，另外 10% 的时间探讨适合高级语言的计算机体系结构。设计好一部分方案，他就寄到北京大学，由许卓群、陈堃銶、朱万森几个教师去具体实现。

经过同事们几年的努力，ALGOL 60 高级语言编译系统最终研制成功，在几十个用户中得到推广，成为国内较早的高级语言编译系统，被列入中国计算机工业发展史大事记。王选在软件和硬件两方面的学术水平和实践能力有了质的飞跃，他后来总结说：

当时我似乎找到了创造的源泉，并相信一旦有了这种源泉，中国人有可能和外国人同时或更早提出某些新的思想。这种信心，以及软件和硬件两方面的知识和实践是我后来能够承担激光照排系统研制的决定性因素。这一选择使我深切地体会到，跨领域研究是取得创新成果的重要因素，就像控制论发明者维纳说的那样：在已经建立起来的学科之间的无人空白区去耕耘，最能取得丰硕成果。

王选更重要的收获，是找到了爱情的力量源泉，她就是陈堃銶。

与王选相比，陈堃銶的身世要曲折得多。小学三年级时，陈堃銶的母亲就因病去世了，父亲在新中国成立前加入了国民党，从事通信技术方面的工作，曾参加淞沪抗战以及滇缅公路等工程的建设保障工作，长年在外奔波，小堃銶被放在上海的亲友家，过着寄人篱下的日子。抗战胜利后父亲转到杭州浙赣铁路局工作，陈堃銶跟着父亲来到杭州，考上了著名的杭州高级中学。后来父亲遭受不白之冤，被打成"反革命"，失去了工作，生活陷入困境。陈堃銶自立自强，学习更加努力，1953 年考上了北京大学数学力学系。坎坷的经历锻炼了陈堃銶的生存能力，也养成了她独特的性格：既坚忍顽强、疾恶如仇，又活泼善良、热心助人。

其实王选与陈堃銶早就认识，他们既是系友，又是上海同乡，都是班里的团干部，还曾一起被评为北京大学优秀生，在开会或参加活动时也见过面。陈堃銶有一副银铃般的嗓音，曾考入北京市大学生合唱团，经常参加演出、接待外宾，这些都令王选印象深刻。

无独有偶，陈堃銶也选择了计算数学专业。她1957年毕业后留校，分配到数学力学系工作，担任计算方法和程序设计课的辅导课教师。虽然身份转换成老师，但因陈堃銶比较瘦小，梳两条又黑又粗的大辫子，怎么看也还是个学生，有的同学就叫她"小先生"。同学们还记得，陈堃銶第一次上课望着讲台下一双双注视着她的眼睛，紧张地说："哎哟，我害怕！"下了课，一些女同学常常和"小先生"嬉笑打闹在一起，陈堃銶倒也不在意，她耐心细致、开朗快乐的个性和悦耳的嗓音赢得了王选和同学们的喜爱。

大学毕业不久的陈堃銶

陈堃銶也记住了王选。最初给陈堃銶留下印象的是这位上海小老乡的衣着：他身穿V字领毛衣，翻着白衬衫的领子，外套一件深色毛领夹克，显得整洁得体、儒雅利落。陈堃銶发现两人在一些生活细节上竟十分相似，他们上大学带来的皮箱、行李袋几乎一模一样，而且都从家里带来了当时一般人很少有的毛巾被。最有意思的是，陈堃銶吃饭速度慢，同学们开玩笑说她是"背饭桌的"，没想到

1956年，身着毛领夹克的王选与大哥、大姐合影（大哥荣获煤炭系统全国劳模，大姐从协和毕业后在南京军区总医院工作）

王选吃饭的速度比她还慢，常常是最后离开食堂的人之一，被戏称是"背饭厅的"。

做了"小先生"的陈堃銶认真负责，并没有对同乡王选在学业上的"怠慢"网开一面。有几次王选因为忙于"北大1号"的实习，没有及时交作业，急得陈堃銶跟在他后面追着要。王选抱歉地说："我太忙了，稍后一定交。"结果期末打分时，别的老师给王选打的大多是5分，陈堃銶偏偏给他打了4分，并对他说："这是对你不按时交作业的惩罚！"王选拿这位铁面无私的"小先生"没有办法。

王选留校参加"红旗机"的研制后，与陈堃銶成了同事，当时王选是"营参谋"，陈堃銶则是营部秘书，他们在工作中的接触多了起来。1962年，王选在回上海养病的火车上再次巧遇回家探亲的陈堃銶。陈堃銶关切地询问王选病情，宽慰他安心治疗并记下了王选家的地址。

不久，陈堃銶真的来家里看望王选，这让王选喜出望外，两人聊了许久。当时陈堃銶在计算数学教研室从事程序设计（即后来的软件）方面的研究，临别前，王选托陈堃銶帮他找一些最新的计算机文献资料。陈堃銶对王选在病中还不忘钻研的劲头十分佩服，便四处搜集找到了 Communications of the ACM、《ALGOL 60 修改报告》等王选渴望的科研资料。

陈堃銶的一次次雪中送炭，让王选对这个姑娘感激之余生出了爱慕之情。特别是手握着陈堃銶送他的散发出油墨香气的《ALGOL 60 修改报告》时，王选的心情久久不能平静，于是王选怀着忐忑不安的心情给陈堃銶写了一封意味深长的"感谢信"。他措辞良久，除了表示感谢，还介绍了家庭和个人情况，最后委婉地表达了爱意。

陈堃銶接到信后，第一遍没有看懂，奇怪王选为什么要说这些个人的事情。等看了第二遍才恍然大悟，原来王选是想和自己"进一步发展关系"。

陈堃銶感到意外又羞涩，有些拿不定主意。上大学的时候，陈堃銶和同学们以为王选没有什么文艺细胞，长得又瘦，背地里悄悄叫他"面包干"，后来才知道王选对京剧很在行。但陈堃銶还有一个顾虑，从设计"北大 1 号"和"红旗机"的过程看，王选太痴迷科研了，似乎只会谈技术，而且身体不好，与这样的人生活会不会很累……

1997 年，王选和陈堃銶在北京大学校园留影

带着这些疑虑，陈堃銶找到了大学同班同学、王选教研室的书记陈良焜，想听听他的意见。没想到陈良焜一听高兴地连说："太好了，我们也很关心王选的个人问题呢！王选为人正直善良，事业心强，才华和能力都很出色，是个难得的好人。"陈良焜的爱人也笑着对陈堃銶说："我看你们很合适，你这急脾气，也就只有王选适合！"

不久，王选收到陈堃銶的佳音，"同意发展两人之间的关系"，这令他欣喜不已。从此，鸿雁南来北往，传递着王选关于高级语言编译系统的设计，也传送着两人心心相印的恋情。

后来有人问陈堃銶当年为什么会爱上病弱的王选，是预料到他后来的辉煌成就吗？陈堃銶总是笑答："我当时可没有想那么远。"在回忆里，陈堃銶有一段质朴的表白：

我当时对王选的印象也不错，只是觉得最大的问题是他的身体。不过又想，对于一个生病的人，应该鼓励和支持他，而不应该拿感情的事折磨他，所以就答应了。当时我20多岁，很年轻，至于以后他会怎么样，两人会遇到什么困难，并没有想太多。

是机缘巧合，也是志同道合，1967年，陈堃銶成了王选的妻子，也是他事业上最忠诚得力的助手、生活和精神上相濡以沫的支柱。

"那些年,多亏有她我才坚持下来"

爱情是胜过世间一切良医的神药,加上软硬件结合研究这副独特的"补剂",王选终于从死亡线上逃了出来。1965年夏,王选离开上海,回到了阔别已久的北京大学。

1966年,"文化大革命"开始,北京大学陷入一片混乱。秋天,王选跟大家一起去劳动,他本来就体质极弱,经过这么一番折腾,半路上一病不起。可怕的是这次病症和1961年一样,低烧不退,胸部像压了块巨石,稍微一动就不住地喘息。王选知道自己的病需要静养,而北京大学混乱的局面不适合,他想到了昌平的北京大学十三陵分校。"文化大革命"之前,北京大学数学力学系和无线电系都设在那里,"文化大革命"后搬回了校本部。那里地处偏远,生活上不方便,但比北京大学校本部安静,于是王选向学校申请搬到了北京大学十三陵分校。

分校环境幽静,空气清新。王选的宿舍在四楼,上下楼很困难,幸亏食堂有位姓温的师傅善良热情,每天爬楼给他送来饭菜。王选最盼望的是周末,因为每个周末陈堃銶都会带着罐头、点心来看他。从北京大学到昌平的路很远,陈堃銶先坐车到昌平镇,然后拎着沉甸甸的东西走到分校。她一到就忙着帮王选收拾房间、改善伙食,小屋里顿时充满了温暖和生机。

1967年，王选与陈堃銶在北京大学未名湖畔留影

王选的病一天天加重，必须有人时刻不离地精心护理。像上次那样回上海？当时的火车挤满了串联的红卫兵，有时要从车窗挤上车，王选虚弱的身体不可能经受得起，加上上海家里已被抄家，乱成一团，根本无法回去。陈堃銶做出了一个让王选不敢相信的决定：结婚。虽然很多同事对她与王选交往不理解，好朋友还直截了当地问她："为什么要和这样一个'病鬼'谈恋爱？"然而，随着对王选逐步深入的了解，陈堃銶越来越感到与他在一起有说不完的话题，看问题的观点也一致，更重要的是王选看似病弱无力的身躯里似乎蕴含着超出常人的能量，值得让她托付终身。

陈堃銶对王选说："结了婚，我就可以名正言顺地照顾你。"这是王选一直期盼的梦，但此时他犹豫了："我这个样子，病都不知道能不能好，怎么能拖累你呢。"陈堃銶主意已定："正因为你病成这样，才需要人照顾。有我照顾你，你的病一定会好的！""可我怕影响你的前途……""怕什么啊,反正咱们是'一对黑'!"陈堃銶略带苦涩又洒脱地一笑。

当时王选的父亲除了"右派",又加上了"现行反革命"的帽子,而陈堃銶的父亲也被打成了"反革命"。因此,王选和陈堃銶都沦为出身不好的"黑五类"。

听了陈堃銶的话,王选心中充满温暖和感动。

1967年2月,陈堃銶花一元钱买了一块小搓衣板,同事们找来两张好一点的单人床一拼,两个人把各自的箱子铺盖搬到一起,就算是结婚了。虽然没有热闹的仪式,两颗心却从此相濡以沫、相知相契。

北京大学未名湖北岸并排坐落着几座古色古香的建筑,即有名的德、才、均、备、体、健、全各斋,王选夫妇的新房就在健斋307。这座楼原是给一些家住城里的老教员中午休息的地方,生活起来极不方便,王选他们住的三层没有自来水,也没有下水道,陈堃銶每天下楼打自来水、倒污水。瘦小的她提着沉重的水桶上楼下楼非常吃力。楼里不让生炉子,吃饭还好办,旁边就有食堂,但熬药成了大问题,只能在地下室生个炉子熬药,非常辛苦。家里家外都是陈堃銶一人操持。

邻居居彩莲夫妇和马秉锟、毛德行等同事在生活上给予了他们很多关照。王选去医院,毛德行用自行车载着他去。马秉锟上街给王选抓中药,街上的店铺都布置得像书店,橱窗里千篇一律地陈列着毛主席著作,根本看不出哪家是药店。马秉锟就骑着车满街转,边转边用鼻子嗅,闻到药味再下车找药房。

1968年春,学校"武斗"升级,未名湖边的大喇叭整夜吼叫,王选根本没法静心休养,只能再次回到上海。

上海的家已面目全非，王选的父亲作为"专政对象"，每天在弄堂里劳动改造，母亲的精神也不如以前了，连10岁的小侄女王侃都在学校挨斗。家里东西被抄，王选和父母、姐姐及两个侄女被赶到楼上挤住在一起。王选的母亲去找以前给王选看病的老中医，他的妻子一见紧张极了，连说："现在不让看病了，快走快走。"面对这样的境遇，王选在痛心之余也只能仰天长叹。

1968年年底，王选突然接到学校让他立刻回校参加"学习班"的勒令信，只好启程回京。时值隆冬，滴水成冰，不巧的是火车又晚点了，本应傍晚到站，结果深夜才到。一下火车，王选就被眼前的情景惊呆了：站台被戒严，到处是荷枪实弹的解放军，每个人的行李都要被搜查，幸好王选有学校开的病休证明，才过了关。

王选出站时，陈堃銶已在寒风中苦等了几个小时，望着瘦弱的丈夫远远走过来，她禁不住一阵心酸，她知道王选此番回京凶多吉少。深更半夜，公共汽车早已没有了，王选和陈堃銶找到车站附近的一间工棚，挨到凌晨5点才雇了辆三轮摩托车。刺骨的风中，王选望着冻红了脸颊的妻子，心情异常沉痛，他不知道这漫漫长夜何时才是尽头。

回校的第二天，王选就参加了"学习班"，理由竟然是"偷听敌台广播"，连表扬过王选学英语的陈良焜也被扣上了"怂恿和包庇王选"的帽子。原来，王选回京后仍坚持每天收听半小时BBC英文广播，并经常把听到的消息讲给同事，他万万没有想到这成了他的一条罪状。"学习班"虽然在校内，但一个星期仅让回家一次，以前一些关系不错的同事见到王选都躲着不敢理他，王选的心情坏到了极点，甚至一度产生了轻生念头。

陈堃銶同样承受着巨大的心理压力，她看出了王选的心思，心急如焚。在这之前，陈堃銶的教研室已有两位教师不堪忍受凌辱自杀了，她绝不能让丈夫走这条路，王选性格温和，很少发脾气，得让他把心里话发泄出来。陈堃銶便利用王选周末回家的时间做好可口的饭菜，帮着王选发牢骚、讲委屈，宽慰王选"一定要坚强，相信不可能永远这样"。周日傍晚，学校广播站的开始曲一响，王选就心情抑郁，觉得又要去住监牢了。陈堃銶就夹着被子一直把王选送到"学习班"，铺好床才走。

患难见真情，王选与陈堃銶互相扶持和鼓励着，走过了那段艰难岁月

妻子的充分理解和坚定支持让王选感受到了无比的温暖和力量，抑郁也渐渐好了起来，终于挺过了这一关。王选后来感叹说："那些年，多亏有她我才坚持下来，一个人如果有真正信任你、理解你的妻子，是不会对生活失去希望的。"

"学习班"的沉重压力使王选拖了3年的病又有了加重的迹象，工宣队见状，只好让王选暂停学习，回家"思过"。接下来的岁月，王选被打入"另册"，无权工作，成为每月只拿40多元劳保工资、在家养病的老病号。

1970年年初，陈堃銶在同事的帮助下，终于在北京大学勺园对面的佟府要到了一间平房。佟府是一个小院落，青瓦飞檐，围墙上是密密的爬山虎，院子里有一棵高大的柿子树，枝叶繁茂，到了秋天柿子便挂满枝头。

院子里住了三户人家，王选住的房子只有10平方米，屋里还开了三个门，一个通厕所、水房，一个通院子，一个通一间2平方米的

王选夫妇与大哥、侄女在北大佟府柿子树下（1975）

小储藏室。冬天屋里没有暖气，只能在床边生一个蜂窝煤炉子，空气不流通，早上屋里只有 4℃，所以一到冬天，王选就每日捂着胸口剧烈地咳嗽。好在是平房，王选不用再爬楼，天气好的时候还可以在院子里晒晒太阳。

这一年，系里突然把正在郊区劳动的陈堃銶抽调回来，说有重要任务。原来，北京大学正与738厂、石油部等合作研制一台每秒运算百万次的计算机"150机"，由于陈堃銶有 DJS-21 机编译程序的经验，所以才被调回学校参加"150机"的研制。

北大佟府院中一间 10 平方米的小屋，是 20 世纪 70 年代王选和陈堃銶的住所

　　王选虽然没有资格参加项目，但他听了这个消息比陈堃銶还高兴，跃跃欲试地准备悄悄协助她大干一场，陈堃銶也因为能参加如此重要的科研任务而兴奋异常。然而，由于家庭出身的问题，陈堃銶刚调回来不到三天就被取消了资格。上面通知陈堃銶马上离开项目组，一小时内收拾行李到昌平参加劳动，还煞有介事地问："有困难吗？"倔强的陈堃銶说："没困难！"但回到家，陈堃銶再也控制不住情绪，伤心地哭着把大学毕业证书撕成两半，又把最喜欢的数学分析书扔掉了。面对这一切，王选也只有像当初妻子开导自己那样安慰着伤心的妻子。

　　正当苦闷彷徨之际，一个偶然的机会使王选重新燃起了科研的热情。

　　一天，马秉锟来串门，他也是"150 机"项目组的成员，谈起项目进展情况，马秉锟说由于国产磁带和磁带机的质量不过关，磁带上面经常出现麻点，导致磁带发生多位错误，但当时采用的纠错码只能纠正一行信息中出现的一位错误，项目组试图找出纠错方案，但怎么也解决不了。一席话引起王选极大兴趣，他决定试试。没有计算机，王选就用手工对几百种编码方案进行筛选论证，当时他正发着低烧，每天从早算到晚，有时累得筋疲力尽了就靠在椅子上休息一会儿，然后接着算。

半个月后，王选终于设计出一个巧妙的两位纠错码方案。马秉锟看后连说"太妙了，我们怎么没想到呢！"他没敢"暴露"是王选的设计，悄悄拿到"150机"的磁带上一试，一举成功。

王选设计的"150机"磁带纠错方案手稿

1978 年王选发表在《电子计算机动态》上的学术论文

　　王选这样做，没有任何名与利，甚至不能让同事们知道，但他心甘情愿、乐在其中。成功让王选信心大增，自己虽然久卧病榻，但脑子没有坏，还可以搞科研。这时已是 1972 年的春天，王选心头积郁已久的愁绪一下子散开了，身体也再次奇迹般地好起来。

　　更重要的是，王选的创造欲望被激发了。1972—1974 年，王选边养病边进行新的计算机体系设计，他把多年来在硬件和软件方面的创新思想和实践经验总结出来，完成了十几万字的设计方案，在一些同事之间传看。然而，王选的身份和境遇使他遭到了拒绝甚至嘲弄，被说成是"关在屋子里想出来的脱离实际的东西"，他的手稿也不知去向。后来，王选凭借惊人的记忆力和不屈不挠的精神取其精华写成了 3 万字的论文《介绍一种适合软件的新型计算机》，直到 1978

年才被当时我国唯一的计算机杂志《电子计算机动态》录用发表。

孟子曰："故天将降大任于是人也，必先苦其心志，劳其筋骨，饿其体肤，空乏其身，行拂乱其所为，所以动心忍性，曾益其所不能。"在与激光照排项目相遇之前长达十多年的漫漫岁月里，王选经历了一场身体和精神上的双重折磨。凭着坚忍不拔的毅力，他战胜了命运之神的挑战，也得到了终身相许的真挚情感。妻子的理解支持和悉心照料支撑着王选重新焕发生命的活力，他献身科学、报效祖国的信念始终没有熄灭。

用数学方法让汉字自由出入计算机

1975 年春，当王选与影响和改变了自己命运的"748 工程"相遇时，他的人生已经走过了 38 个春秋。

1974 年，北京大学研制成功一台 6912 计算机，为了使这台计算机充分发挥作用，1975 年年初，学校从各系抽调力量组成调查组，调查学校行政、后勤等部门采用计算机实现自动化的可能性。陈堃銶当时经常发作眩晕症，教研室便让她管些杂事，于是被派去参加调研。调研中她听说了"748 工程"。

20 世纪 70 年代，美国等西方国家计算机技术的发展突飞猛进，应用领域日益扩展，显示出对整个社会乃至人类生活的巨大影响力。在中国，计算机仍高不可攀，要跟上世界信息化发展的步伐，除了突破各种客观条件的限制，还必须解决一个巨大的技术难关——让汉字自由出入计算机，也就是汉字的信息处理问题。1974 年 8 月，在周恩来总理的关怀下，由当时的第四机械工业部、第一机械工业部、中国科学院、新华社和国家出版事业管理局五家单位联合提出设立"汉字信息处理系统工程"的报告，经国家计划委员会批准列入国家科学技术发展计划，简称"748 工程"。该工程包括三个子项目：汉字精密照排系统、汉字情报检索系统、汉字远传通信系统。

陈堃銶回到家，把了解到的"748 工程"的情况告诉了王选，立即引起了他浓厚的兴趣。在三个项目中，王选对"汉字精密照排系统"情有独钟，因为对通信系统来说，汉字与西文无多大差别；而情报检索系统的关键之一在于建大容量的信息库，只有出版采用计算机系统后，才能方便地获得建库所需的信息。王选分析后认为汉字精密照排系统是整个工程的关键基础。

汉字精密照排是指运用计算机和相关的光学、机械等技术，对中文信息进行输入、编辑、排版、输出及印刷，它最直接的目的就是要用现代科技对我国传统的印刷行业进行彻底改造。在当时，中国的印刷厂最多，全国有上万家，而改变中国印刷面貌已经迫在眉睫。

印刷术是中国举世闻名的古代四大发明之一，开始于隋朝的雕版印刷，北宋毕昇发明的活字印刷术是雕版印刷之后又一项伟大发明，被称为我国第一次印刷技术革命。1450年前后，德国人谷登堡发明了铅活字机械印刷术，19世纪进入中国，逐步成为中国印刷业的主宰。

进入20世纪，随着电子计算机和光学技术的迅速发展，西方率先结束了活字印刷，采用电子照排技术，而70年代的中国仍是"以火熔铅，以铅铸字，以铅字排版，以铅版印刷"。当时我国铸字耗用的铅合金达20万吨、铜模200万副，价值人民币60亿元，能源消耗大，劳动强度高，污染严重，出版效率却很低，普通图书从发稿到出版需要一年左右，科技等专业图书则是长达两三年，报纸杂志数量品种也十分缺乏。据统计，在当时印刷品占信息量70%的情况下，我国平均每人每年获取的文字信息仅15个字。

更吸引王选的是汉字的信息处理问题，要使计算机能处理汉字，就要解决汉字在计算机中存储和输出等一系列难关。与西文相比，汉字字数繁多，还有多种字体和不同大小的字号。古老的汉字在计算机面前遇到了难以逾越的关口，甚至有专家预言"计算机是方块汉字的掘墓人，

捡字——小型铅印厂一角

也是汉语拼音文字的助产士""要想跟上信息时代的步伐,必须要走汉语拼音化的道路"。汉字信息处理不仅成为计算机在中国普及应用的关键,甚至关系着汉字本身的存亡,关系着中华文明的传承与发展。

  王选认为,如果汉字精密照排项目研制成功,不仅可以使印刷工人彻底解放出来,引起中国出版印刷领域一场轰轰烈烈的革命,还可以让汉字插上数字化翅膀、跟上信息时代的脚步,让计算机成为中国大众工作和生活的现代化工具。虽然难度巨大,但它的价值和前景不可估量,王选决定立即着手开始研究。王选的举动得到了陈堃銶的充分理解和支持,两人义无反顾地投身到这项宏伟事业中,开始了一生的奋斗历程。

1975年王选研究照排项目时抄写的资料和科研笔记

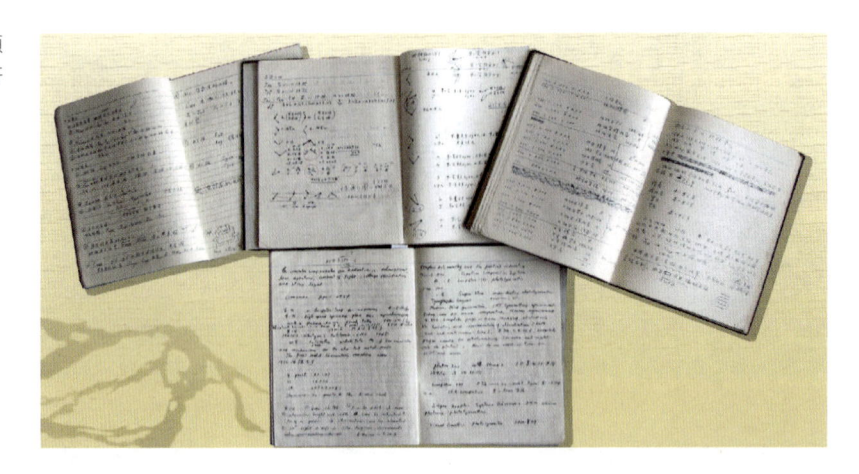

按照习惯，王选要把国内和国际上在照排系统方面的研究现状和发展动向了解清楚。北京大学图书馆的资料不够全，他就挤公共汽车到中国科技情报所查外文资料。每周去三四次，每次半天。由于没有经费来源，车费不能报销，这对于每月工资只有40多元的王选来说是一笔不小的数目。从北京大学到情报所车费是2角5分钱，但少坐一站可以省5分钱，病弱的王选就提前一站下车步行到情报所。当时我国还处在"文化大革命"时期，许多外国文献的借阅登记卡都是空的，王选是那些杂志的第一个借阅者，说明涉猎这一领域的人寥寥无几。当时复印一页资料要7分钱，王选舍不得，很少复印，多数手抄在随身携带的笔记本上。

随着了解的深入，一个陌生而崭新的世界展现在王选眼前，他边研读边分析。接下来，王选也看到了国内的情况。当时共有五家攻关团队从事汉字照排系统的研究，都是追随国际流行的技术潮流，有两家选择了二代机，另外三家采用了三代机。在存储汉字方面，这五家采取的全部是模拟存储方式。

1976年王选在中国科学院图书馆复印资料的发票

看来，最先要解决的是把汉字信息存储进计算机的问题。通过对国外情况的调查，王选认识到数字式存储将占统治地位。模拟存储的道路是走不通的，必须采用数字存储的技术途径，这是王选要攻克的第一道难关。

王选在构思设计方案

五月的北京春意正浓，王选搬把椅子坐在门前的柿子树下，手拿放大镜盯着手中的报纸或字典，并和陈堃銶一起分析。

数字存储就是把每个字的字形变成由许多小点组成的点阵，每个点对应着计算机里的一位二进位信息，有笔画覆盖的小方格记为1，没有笔画覆盖的小方格记为0。这样，组成汉字的全部小方格就被处理成了由0和1信号组成的数字化字模。用计算机排版，必须把全部汉字的数字化字模存放在计算机里，才能供各种报纸、书刊排版使用。很显然，方格画得越细越密，字形才越逼真，也才能符合印刷质量的要求。

王选大致算了一下，报纸上常用的小字是五号字，一个五号字大约需要划分成10000个方格，也就是要10000个0、1信号组成的点阵，而排标题用的大号字则需要1000×1000以上点阵。通过进一步分析，王选和陈堃銶被汉字字形庞大的信息量震惊了。如果将所有字体、字号的汉字全部用点阵存储进计算机，信息量将高达几百亿位甚至上千亿位。1975年我国的DJS-130计算机内存是磁心存储器，最大容量只有64KB，外存是一个512KB的磁鼓和一条磁带，内存、外存加起来不到7MB，也就是不到6000万位，根本无法容纳如此庞大的汉字信息。

王选遇到的也是多年来横亘在中外科学家面前难以逾越的高山，日本业界曾把汉字字

1975年年初王选设计方案时的笔记

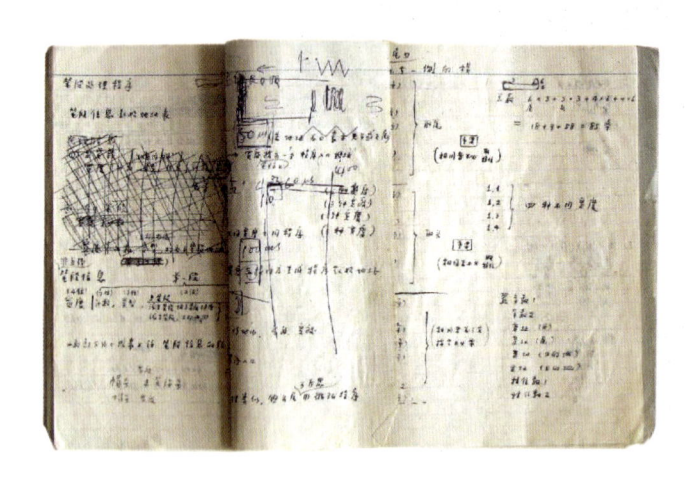

形信息的计算机处理形容为"比登天还难"。

必须想出一种巧妙有效的方法对汉字信息进行大大压缩，并且保证字形变大变小后的质量。王选琢磨着每个汉字的笔画，经过反复研究，一个绝妙的设计在王选脑海中形成：对于撇、捺、点、勾等不规则笔画，用"轮廓"来描述，在轮廓上选取合适的关键点，用直线连成折线来代表汉字的轮廓曲线；对于横、竖、折等规则笔画，可以用"参数"方法来描述它们的长、宽、起笔和收笔的笔锋，并在坐标纸上对起始位置进行标注，以此完整地确定其形状和位置，还可以很好地控制笔画在变倍时的质量。最妙的是，这样就不用把所有字号的汉字信息都存到计算机中，而是只存储一两种有代表性的字号，然后通过放大或缩小来变出其他各种字号，从而达到更高的压缩倍数。王选将压缩信息用紧凑的格式表示，这种"轮廓加参数"且压缩了再压缩的信息表示法使汉字字形信息的存储量总体压缩500~1000倍，从而使汉字存入计算机的问题迎刃而解。

接下来要解决的是怎样使存入计算机的压缩信息快速还原成为字形点阵。王选和陈堃銶反复讨论、验算着。一天中午，他们忽然想出了解决办法，利用"数学利器"设计出一个复原压缩信息的递

陈堃銶起草的"轮廓加参数"汉字信息压缩技术方案手稿

采用王选设计的字形压缩和复原技术，只需在计算机存入一套五号字，就可以通过任意放大和缩小产生不同大小的字号，而且毫不失真

北大电子出版系统字号样张

小七号	北京大学激光汉字编辑排版系统
七　号	北京大学激光汉字编辑排版系统
小六号	北京大学激光汉字编辑排版系统
六　号	北京大学激光汉字编辑排版系统
小五号	北京大学激光汉字编辑排版系统
五　号	北京大学激光汉字编辑排版系统
小四号	北京大学激光汉字编辑排版系统
四　号	北京大学激光汉字编辑排版系统
三　号	北京大学激光汉字编辑排版系统
小二号	北京大学激光汉字编辑排版系统
二　号	北京大学激光汉字编辑排版系统
小一号	北京大学激光汉字编辑排版系统
一　号	北京大学激光汉字编辑排版
小初号	北京大学激光汉字编辑排
初　号	北京大学激光汉字编辑
小特号	北京大学激光汉字编
特　号	北京大学激光汉字
大特号	北京大学激光
六十三磅	北京大学激光

推公式，并试验着画出了一批字，无论放大缩小都十分漂亮。两人高兴地大叫"绝唱！"《绝唱》是1975年正在国内上映的一部日本爱情片，他们不约而同地想到了这个词。

这的确是一曲科学与爱情的"绝唱"，"高倍率汉字字形信息压缩技术""高速不失真的汉字字形信息复原技术"等一系列神奇的原创技术就这样诞生了。其中用"参数信息来控制字形变化时的质量"这一高招在1975年是世界首创，直到10年以后，类似的用"提示信息"（即HINT）描述字形的技术才在西方流行。

1975年9月，陈堃銶把王选的技术方案通过软件进行实现，在计算机中模拟出"人"字的一撇，她高兴得在机房里跳了起来。接着，两人又做了"方"和"义"两个字的整字试验，都取得了成功。

多年以后，王选带着电视台的记者又来到北京大学佟府，指着当年住过的小屋感慨地说：

1975年5月我开始构思方案的时候，三天三夜睡不着觉，就想到了一种数学描述的方法，就是在这个门口构思的。那时是5月，天气非常好，想出来这个构思以后，那种愉快是没法形容的，所以我觉得不但今天得来的很多荣誉或者看到成果的应用是一种愉快的享受，而且克服困难的本身也是一种享受。

陈堃銶通过计算机模拟出"人"字的一撇

跨越式研制激光照排，
凭借领先技术挤进"748 工程"

要实现汉字信息处理和印刷技术革命的宏伟目标是一项浩大工程，必须得到学校和国家的大力支持。王选对此非常清楚，他把自己的设计构想写成书面报告，向系里和学校进行了汇报。方案手稿拿到北京大学印刷厂时，一些印刷工人得知正在研究"用计算机代替铅字"十分兴奋、反应强烈，王选意识到自己的研究与他们休戚相关，深受鼓舞。

方案送到校革委会负责人魏银秋面前。魏银秋虽然没有完全读懂那些算式和符号，却感到事情重大，决定立即召集数学力学系、无线电系、图书馆和印刷厂等有关单位开会研究。由于王选身体虚弱无法前往，陈堃銶参加了会议。

会议一直开到半夜，学校对王选的方案非常支持，做出两项决定：一是把汉字精密照排系统列为北京大学自选项目，未来争取加入国家"748 工程"；二是从各单位抽调人员成立会战组，协作攻关。

得知消息后，王选心情激动，很久以来一直处于边缘的他重新感受到了学校、科研对他的需要，他兴奋地对妻子说："咱们又要大干一场了！"

然而会战伊始并不顺利，熟悉计算机的只有王选和陈堃銶，王选是全休病号，陈堃銶的身体也不好。当时学校的计算机软件和硬件教员大部分在昌平分校的电子仪器厂，对照排项目大多不积极。

北纬旅馆论证会给了王选第一个沉重打击。

1975年11月，在北京宣武区（今北京市西城区）的北纬旅馆，北京市组织召开了精密照排技术方案论证会。来自全国各地的多家单位带着自己的研究方案和成果相聚北京，想从中脱颖而出。王选、陈堃銶等人也代表北京大学前来参会。由于王选身体虚弱说话无力，只好让陈堃銶代做报告。

陈堃銶拿出夫妇俩辛苦多日的成果：一个用字形信息压缩方案、通过软件还原、宽行打印机打印的"义"字，详细讲解了王选的信息压缩和还原技术。

与众不同的方案引起与会者很大兴趣，然而听完介绍，大多数人却暗中摇头。与其他单位的模拟存储方案相比，王选的数字存储方案虽然新颖独特，但实在太超前了，闻所未闻！有的人私下议论："字模应该是看得见摸得着的，要实实在在印刷的，怎么能靠计算机算出来？又是压缩，又是解压缩，能保证文字质量吗？另外，采取什么设备输出才能使设计最终实现，还都是疑问。"

会议最终选择了二代机作为"748工程"的正式方案上报。王选心情沉重，他知道二代机没有发展前途。不过王选没有退缩，反而更增强了他继续研究下去的决心。他想到美国巨型机之父克雷（Cray）曾说过："当你提出一个新构思时，人们常常说'Can't do'（做不成），

许多人并不看好王选的方案，认为他只不过是一个名不见经传的小助教，拖着长期病弱的身体"玩弄骗人的数学游戏"

对这种怀疑的最好回答是'Do it yourself'（自己动手做）。"

王选对自己的技术充满自信，他暗下决心一定要做出成果来，用事实说话。他静下心来，开始琢磨第二道难关——选择什么样的输出方案将压缩的汉字信息高速还原和输出，这是照排系统的关键。他把眼光瞄向了当时世界最先进的技术——第四代激光照排。

1975年，激光照排还处于研制阶段，王选从有限的文献报道中了解到激光逐行扫描使控制器的设计难度大大增加，研制出的系统很难达到廉价推广，美国一家公司研制出了样机，但很快就放弃了推出商品的计划。

转眼到了1976年春，在北京的一个展览会上，王选见到了邮电部杭州通信设备厂研制的一种高精度报纸传真机，立即被吸引住了。这种报纸传真机幅面宽、分辨率高、对齐精度好，已在《人民日报》投入使用。王选想到激光照排，一个念头冒了出来：如果把这种报纸传真机的录影灯光源改成激光光源，是不是可以改造成激光照排机？

回到学校，王选立即找到物理系的光学专家张合义，询问他北京大学有没有能力把杭州报纸传真机的录影灯光源改成激光光源，并且为了保证字形质量必须把分辨率从原来的24线/毫米提高到29线/毫米，这样不仅满足出报要求，也能满足出书的更高要求。张合义考虑后回答"可以实现。"

这虽是王选想要的满意答复，但前提是必须解决激光输出控制器的技术问题，而困难远远超出了他的想象。比如，用什么方法将字模从压缩信息还原为点阵。刚开始由陈堃銶编写软件来实现，但速度很慢，平均每秒只能还原1个字。有软件和硬件两方面功底的王选决定用硬件实现，而之前他们设计的复原压缩信息的递推算法很适合硬件实现。于是从 1976 年 9 月起，王选开始设计微程序，用微处理器实现字模生成、形成版面、选读字模并实现对照排机的控制，这部分称为照排控制器。

王选还针对计算机内存容量放不下一版大报信息的难题，设计出了"分段生成字形点阵并缓冲"等绝招，使字形复原速度达到了每秒 150 个字（后来，王选设计了专门的芯片，使汉字复原速度达到了每秒 710 字的世界最快速度），从而赶上了激光照排机扫描的输出速度。

王选设计的照排控制器（后来称为栅格图像处理器，英文简称 RIP）是汉字激光照排系统的核心，由它生成汉字字形信息和控制激光照排机，在遇到计算机中有笔画的格"1"时发射激光，在胶片或印刷版材上感光成字，然后制版印刷。

王选用了近一年的时间潜心研究，终于确定跨过二代机和三代机，直接研制第四代激光照排系统。西方从 1946 年发明第一代手动式照排机花了 40 年时间，经过二代机和三代机的兴衰，到 1986 年才开始推广激光照排机。王选 1976 年提出直接研制第四代激光照排系统，一步跨越了 40 年。

这是王选在研制汉字精密照排系统过程中最为大胆、最具前瞻性的决定。王选能够最终取得成功，关键在于选择了这条跨越式的技术路线。

在有些人眼里，这无疑是一个天方夜谭，有人私下议论：国外还没搞出来的东西，他能行吗？有的说得更干脆："真是梦想一步登天，你想搞第四代，我还想搞第八代呢！"

王选坚信自己的设想是正确的：搞应用研究，必须采用高起点，符合未来世界技术发展方向。否则，成果研制出来就已经落后于时代，只能跟在外国先进技术后面亦步亦趋。从长远看，激光照排符合世界照排技术发展潮流。

1976—1977年王选设计激光照排系统核心部件"微程序汉字点阵生成器"的部分手稿，2006年陈堃銶将其捐赠给了中国印刷博物馆

> "微程序汉字点阵生成器"是激光照排系统中核心部件——照排控制器中的核心，它用于将汉字压缩信息还原成点阵。
>
> 王选在设计了汉字信息压缩方案后，1976年起设计原理性样机系统，1977年整理写成这份材料，并复写后供同事们使用。
>
> 今捐献给印刷博物馆，留作纪念。
>
> 陈堃銶
> 2006.11.9.

　　与钱学森绕过研制飞机先研制导弹一样，王选正是绕过了二代机和三代机在机械、光学等方面的巨大技术难题，大胆选择了别人不敢想的第四代激光照排，才取得了成功。

　　技术上取得重大突破的同时，机会也再次降临王选身边。有两个人对北京大学的方案颇有兴趣。一位是新华社技术局的王豹臣。

作为"748工程"的五个发起单位之一，新华社被定为第一用户。通过一个阶段的试验，新华社觉得二代机问题太大，很难满足报纸的要求，所以多次派王豹臣等技术局的专家来到北京大学，谈新华社的需求，观看软件还原字形的演示，并对北京大学方案表示出极大兴趣。

另一位是第四机械工业部"748工程"办公室的干部张淞芝，他在了解了王选的方案后，和王豹臣一起向"748工程"办公室主任郭平欣做了汇报。郭平欣是我国电子和计算机方面的技术专家，具有伯乐一般的眼光。按照惯例，第四机械工业部已决定由部属单位负责总体设计，但该单位迟迟拿不出方案，郭平欣着急的同时，敏锐地意识到王选提出的数字存储、信息压缩方案等属于汉字信息处理的核心技术，另辟蹊径，很有创见，如果真有突破，意义重大，他决定对王选的方案做进一步的考察。由于关系重大，郭平欣向第四机械工业部副部长刘寅专门做了汇报。在此之前，刘寅一直积极支持"748工程"的立项，并经常听取郭平欣关于项目实施和进展情况的汇报。这次在仔细了解了郭平欣的考虑后，刘寅果断首肯"给王选一次机会！"

1976年5月的一天，郭平欣通过张淞芝给陈堃銶写了一封信，挑选了10个字：山、五、瓜、冰、边、效、凌、纵、缩、露，后来又加了一个"湘"字，让王选他们做从信息压缩还原成点阵的模拟实验，一个半月后来看演示。

这是关系北京大学能否加入"748工程"的一场硬仗。当天晚上，会战组组长张龙翔召开全组动员会，决定突击一个半月完成模拟实验。王选和同事们感到无比振奋，马上开始了突击战。先请印

王选与郭平欣（摄于20世纪80年代）

刷厂师傅在 96×96 的坐标纸上用宋体写出这 11 个字，然后由王选做出压缩信息，再由陈堃銶主持编制模拟程序。当时使用的是北京大学计算中心的 6912 中型机，由于白天有教学任务，只能利用深夜和清晨上机调程序，纸带、宽行打印机和内存经常出错，所以工作非常紧张和辛苦，陈堃銶的血压也一度降到 55/70 毫米汞柱。

经过不懈努力，他们提前一周完成了模拟实验。

这一天，郭平欣和国家出版局、新华社技术局等人员以及《人民日报》《光明日报》等媒体记者来到北京大学，观看王选他们进行文字生成的演示。由于准备充分，演示异常顺利，11 个字打印出来规范漂亮、笔锋光滑，几乎看不出有失真之处。郭平欣看后满意地笑了，王选、陈堃銶和同事们也长长地舒了一口气。

然而，郭平欣的意见在北京市一些单位却遇到了重重阻力。在

1976年5月，郭平欣通过"748工程"办公室的干部张淞芝给陈堃銶写信，下达了将汉字信息压缩还原成点阵的模拟实验任务

此之前，北京市已经把精密照排项目的研制任务下达给了北京市出版局和新华印刷厂，下达任务的文件上面盖了三个大印，明确采用二代机方案，只让北京大学承担二代机的排版软件研制任务。现在要改成由北京大学总抓，自然大受抵触。

一晃几个月过去了，转眼到了秋天。王选设计的直接研制第四代激光照排系统的方案深深打动了郭平欣，他再次去找刘寅汇报。根据彭树廉等撰写的《刘寅传》记载：

刘寅问郭平欣，王选的方案有多大的成功把握。郭平欣说，大概百分之七八十的可能性吧。刘寅说，有七八十的把握，就完全可以干了。人家可以发文件，我们为何不发文件？因为发文件时间来不及了。经刘寅同意，"748工程"办公室用信函形式向北京大学下达了汉字精密照排系统项目的研制任务通知书。

1976年9月，郭平欣让张淞芝手写了一封信，亲自签发送刘寅批准，盖上第四机械工业部的大红印章，给北京大学正式下达了研制任务。

从此，王选的研究纳入了国家"748工程"，激光照排研制工作终于迎来了曙光。多年后，陈堃銶笑称"我们是挤进'748工程'的"，郭平欣也感慨他们"有心栽花花不活，无心插柳柳成荫"。王选则在回忆中感慨地写道：

这封不起眼的信与那份很像中央红头文件的二代机任务书相比，实在太寒酸了，但它体现了科学求实的精神，标志着中国印刷术腾飞的开始，具有非凡的历史意义。

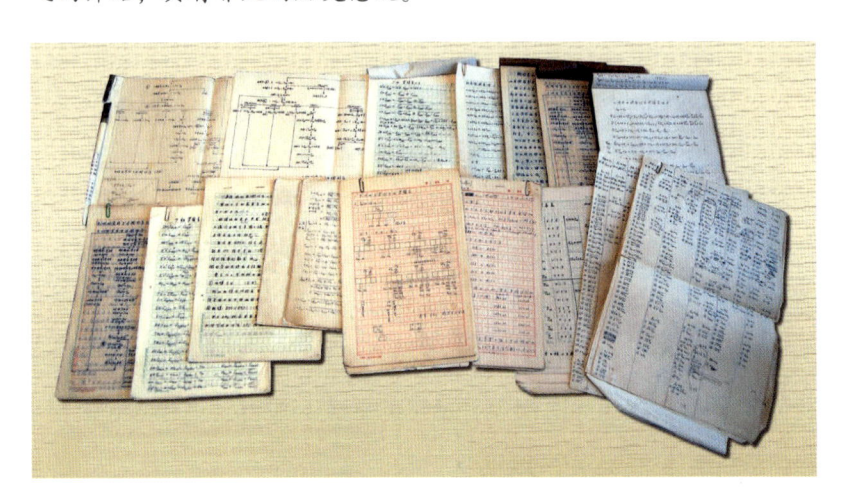

王选设计的汉字激光照排原理性样机主要手稿

千辛万苦"孕育"首张报纸样张和首本样书，《光明日报》力排众议独家报道

1977年5月，第四机械工业部、新华社和北京大学决定成立以郭平欣、杨家祥（新华社副社长）、张龙翔组成的三人领导小组，统一协调和领导，从而使"748工程"在组织上得到了有力保证。这次会议以后，北京大学相关单位纷纷派人参加，人员大增。学校特批把老图书馆的一楼"教育革命展览会"所在地腾出来给王选他们做办公用房，并将"748工程"会战组扩建为"汉字信息处理技术研究室"（后来北京大学计算机科学技术研究所的前身，被习惯性地称为"748"），成立了以王选为首的技术组具体领导技术工作。接着，在第四机械工业部的协调下，生产照排控制器、汉字终端机和激光照排机等关键设备的合作厂家也先后确定下来。激光照排原理性样机的攻坚战打响了。

为了培训新参加工作的校内外人员，王选组织编写了《七四八工程全电子式汉字精密照排系统方案说明》，油印了几百份分发给大家。这套蓝皮书在北京大学和协作单位中流传甚广，为照排技术的培训和普及立下了汗马功劳。多年后，王选笑自己"毫无保密意识"，但他的内心却感到十分宽慰。

攻关伊始，各种困难就接踵而至。

1978年，改革开放的大门刚打开，就来了一个不速之客——英国蒙纳公司。1976年该公司研制成功了世界上最早的西文激光照排系统

1977年王选组织编写的蓝皮书《七四八工程全电子式汉字精密照排系统方案说明》

  并很快成为商品，它看中了中国巨大的印刷出版市场，决定把其照排系统加上汉字字模和中文排版软件后，利用1979年夏秋之际来中国举办展览的机会打入中国市场。

  面对巨大的威胁，王选和同事们在焦急过后冷静下来，通过仔细分析，王选发现了蒙纳系统的弱点：它的控制器总体设计很差，采用黑白段描述字形，压缩率很低，放不下多种字体；硬盘速度太慢，大大影响了输出速度。此外，终端一屏只能显示十几个汉字，离真正实用的要求也有很大距离。王选他们的优势在于设计思想先进，"轮廓加参数"的字形描述方法、高倍率信息压缩和高速复原等技术均是独创的撒手锏。

  王选充满信心地和大家说："加紧原理性样机的研制，一定要在展览会举办前输出一张报版样张！"

王选在北大旧图书馆计算机所的会议室里工作（20世纪80年代）

  然而，外忧尚未解决，内患又紧随而至。随着北京大学出国访问学者和职称评定政策的恢复，"出国热""论文热"随之而来，对从事应用项目的科研人员产生了极大影响。激光照排项目从事的是繁重的软件和硬件工程任务，科研条件艰苦，根本没有时间写论文。王选的科研队伍开始动荡不安，几个骨干相继离去，最难时王选的硬件组只剩下他和秦振山两个人。会战组组长张龙翔恳切地对大家说："请大家暂时不要出国，齐心合力把'748工程'搞好；项目成功后，凭我的老面子，可以送几个人去国外做访问学者。"

  一批中年教师留了下来，队伍总算基本稳定住了。

  王选把全部时间都花在了原理性样机的逻辑设计和工程设计上，软件系统则继续由陈堃銶负责总体设计。由于国产集成电路质量差，每次关机、开机都会损坏一些芯片，严重影响进度，只好采取不关机的办法昼夜工作。每晚男同志轮流值班，节假日女同志值班。陈堃銶心细，怕王选记不住值夜班要带的东西，还给他编了个顺口溜："被子、床单、书包，毛巾、牙刷、牙膏，钢笔、水果、小刀。"

　　为了考验系统的方方面面，王选不仅负责整个系统和硬件的设计调试，还要做大量字模查对工作，以确保每个字的质量。这是一项异常细致烦琐的工作，当时每种字体有一两百个容易出错的字模，都需要由王选和做字模的人员——查对。密密麻麻的修改手迹凝聚着王选超出常人的艰辛，体现着他一丝不苟的科研精神和坚忍不拔

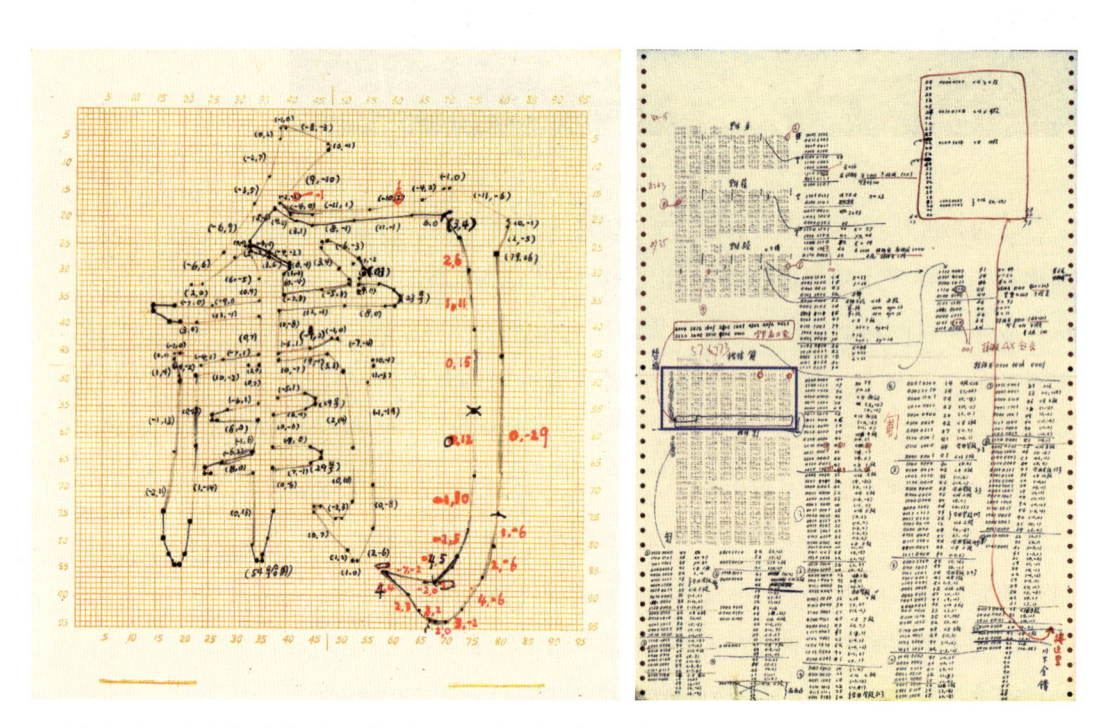

王选查改"匍"字字模压缩信息的手稿。由于当时使用的计算机没有显示器，王选须先用宽行打印机将"匍"字的10行压缩信息（右图蓝框内）打印出来，再将这"压缩再压缩了"的信息展开（右图），然后耐心地在坐标纸上按还原算法画出这个字的轮廓点（左图）。经王选检查，这个"匍"字出现的错误是字模制作人员操作不慎造成的

098

的毅力。

终于到了调试照排的阶段，王选和同事们不辞劳苦地工作。国产元器件组成的样机体积庞大，有好几个像冰箱一样的大机柜排满了整个房间。1979 年 7 月，原理性样机的硬件部分终于调通，王选等人决定输出一张考验硬件的八开大小的报纸样张。陈堃銶和软件组的同事们加紧工作，配合设计出版面，内文用了多种不同字号和字体，配上四种清秀的花边，右下角有一个简单的表格，报头是请郭平欣手书的"汉字信息处理"六个大字。

由于硬件设备很不稳定，各部分常常不能正常运转，调试过程十分艰难。正式出样张时，日期写的是 7 月 1 日，但几乎整月都在试验，结果总不满意，不是这部分有问题，就是那部分出毛病，经常只出半截就停了，即使能出来了，又发现个别字模有问题需要修改。后来终于能全部输出了，却因为照排机有抖动，底片上的字笔画是弯曲的，不能用。原来机房地板下是空的，只要有人走过，照排机就会发生抖动。后来陈堃銶想了个办法，每次照排时在周围放几把椅子，拴上绳子把机器围起来，大家尽量绕行，离这个"金贵的宝贝"远一些。

1979 年 7 月 27 日，经过日夜奋战、几十次试验，一张报版样张终于顺利完整地输出了，底片冲洗出来，王选迫不及待地拿起放大镜仔细查看每一个字，然后笑逐颜开地大声宣布"成功了，非常完

1979 年 7 月 27 日，王选科研团队研制的汉字激光照排系统成功输出了首张报纸样张——《汉字信息处理》

美！马上制版印刷，多印一些！"

消息很快传到国务院，第二天，方毅副总理兴致勃勃地来到北京大学汉字信息处理技术研究室的计算机房视察。他没有前呼后拥，而是轻车简从，悄悄进入机房，一个人坐在进门的右边观看起来。当时陈堃銶等人正忙着调试程序，没有注意到方毅副总理的到来。后来还是其他同事发现的，这让王选和陈堃銶等人十分感动。在认真参观了现场演示后，方毅副总理高兴地与大家一一握手表示祝贺，并指示新闻媒体要进行宣传。

由于原理性样机还不稳定，来人参观时大家常常提心吊胆。另外，汉字终端机还没有研制出来，排版软件和操作系统也才开始调试。因此，为了慎重起见，大多数新闻媒体未进行报道。在《光明日报》总编杨西光的支持下，该报记者朱军采写了长篇报道，于1979年8月11日在《光明日报》头版头条刊登。怎样使报道既有分量又客观求实，大家着实费了一番心思，最后终于想出了"主体工程研制成功"这一有力又不失实的提法。此外，《光明日报》还写了评论文章《可喜的成果 有益的启示》。

在当时媒体普遍"审慎"的态度下，《光明日报》力排众议，如此旗帜鲜明地予以报道，对王选和同事们如雪中送炭，起了极大的鼓舞作用，也在中外印刷界引起了不小轰动。依照王选的要求，文中没有出现王选的名字。在以后的岁月里，王选一直把这张报纸压在办公桌的玻璃板下，每天上班都会看上一眼，告诫自己要对得起《光明日报》，要用市场上的实际效果证明报道中提到的用国产系统改变我国印刷落后面貌的期望。

输出报版样张，标志着硬件系统调试成功，接下来要调试的是软

1979年8月11日,《光明日报》对汉字激光照排系统进行了详尽报道,是当时国内唯一报道这一成果的媒体

件系统。陈堃銶是汉字激光照排系统早期软件的总设计师。在此前设计和试验汉字压缩信息的同时,陈堃銶已经开始设计书刊排版软件。她到印刷厂向排版师傅请教,到图书馆翻看各种书刊的排版格式,学习排版知识。经调查,陈堃銶了解到国外流行贴毛条拼版方式,毛条就是将文章排成长条,若是排书,将毛条按一页书的长度依次剪开,再贴上每页的页码、书眉;若是排报,按每栏的高度剪开,一条一条拼贴。陈堃銶决定跳过这种做法,直接设计整页组版的排版程序,并于1977年设计完成了整个软件系统。

软件组决定试排一本样书《伍豪之剑》,当时《人民日报》正在连载，是描写 1929 年时任中央军委书记的周恩来同志化名"伍豪"挥剑斩除党内叛徒的故事，大约 1.5 万字。之所以选择这本书，首先是出于对周总理的崇敬，另外文章长短合适、格式简单，正好适合首次考验。

调试软件用的主机国产 130 机只有一台，大家轮流使用，机上没有西文字符显示器，也没有软盘，程序是用纸带输入的。纸带要先在穿孔机上穿孔，穿孔时看不到打的键是否正确，所以要上机调试程序必须先调对纸带。纸带输入机很不稳定，常常这次输进去了，下次又输不进去甚至扯破了。所以大家对纸带输入都战战兢兢，唯恐出问题。

输入程序的纸带、补孔器和写纸带用的白笔

好不容易有了排版结果，但没有显示器看不到汉字，看到的是用宽行打印机打出的汉字编码以及它的横纵坐标等数据。要检查结果是否正确，就要很耐心地一个一个查对数据，并在坐标纸上画出来。宽行打印机的字轮很不齐，一个数字的位置上常常打成上下两个数，如2常打成$\frac{1}{2}$或$\frac{2}{3}$。幸好大家认真仔细，保证了整个软件设计的正确性，使系统调试一次成功。

1980年9月15日上午，北京大学旧图书馆一层传出一阵激动人心的欢呼声，我国第一本用国产激光照排系统排出的汉字图书《伍豪之剑》诞生了。10月20日，这本样书被周培源校长送到方毅副总理手中。这是一本只有26页的小册子，豆绿色的封面上均匀地分布着浅白色的图案，"伍豪之剑"四个字被设计成竖排、手写体，左下方有两行竖排宋体字"计算机—激光编辑排版系统试排样书"，整个封面秀丽典雅、朴素大方。这不是一本普通的图书，它的诞生没有用一个铅字，这意味着中国古老的印刷术就要面临一场划时代的革命。方毅副总理欣然挥笔：

这是可喜的成就，印刷术从火与铅的时代过渡到计算机与激光的时代，建议予以支持，请邓副主席批示。

5天后，邓小平写下4个大字"应加支持"。

小平同志的批示虽然只有四个字，却字字如金，深深地印在了王选、陈堃銶和同事们心里。

1981年7月8—11日，中国第一台计算机——激光汉字编辑排版系统原理性样机鉴定会隆重召开。鉴定会由国家计算机工业总局和教育部联合举行，总局局长兼第四机械部副部长李瑞主持，郭平欣副局长、张龙翔校长等60多人出席。原理性样机顺利通过了部级

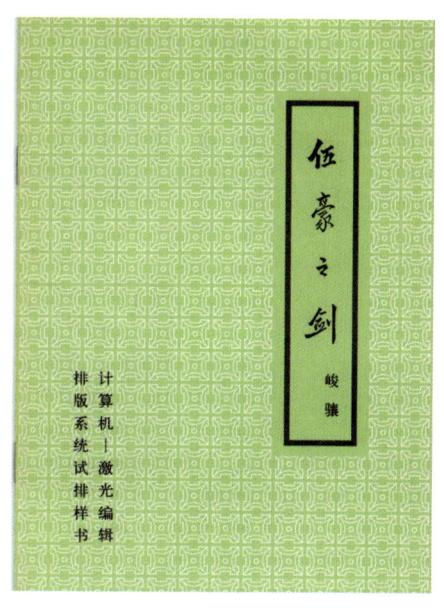

1980年9月15日，我国用汉字激光照排系统输出的第一本样书《伍豪之剑》

王选带领团队研制的中国第一台计算机——激光汉字编辑排版系统原理性样机

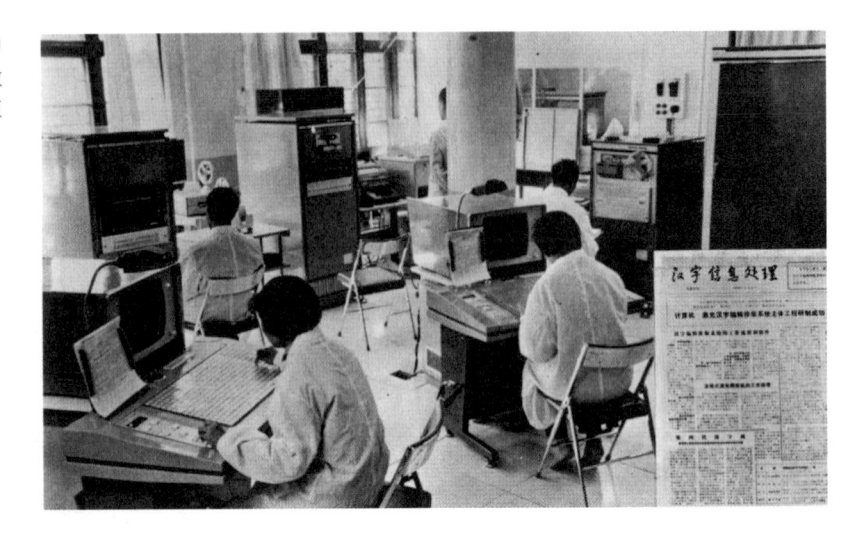

鉴定，鉴定结论上写着："与国外照排机相比，在汉字信息压缩技术方面领先，激光输出精度和软件的某些功能达到国际先进水平。"

由中国人自主研制的汉字激光照排系统就这样在北京大学未名湖畔奇迹般诞生了。

让国际社会惊叹，第一个申获欧洲专利

《光明日报》的报道震动了世界照排系统研究领域。

最感震惊的是来参加展览会的英国蒙纳公司，他们之前从未听说中国在研究最先进的激光照排。1979年10月，英国蒙纳公司的总设计师金斯跟随参展团队来到北京，迫不及待地来参观北京大学的成果。他拿出放大镜仔细查看输出的底片，吃惊地连连赞叹："Very High Quality（质量很高）！Very High Quality！"让他更加惊叹的是，北京大学系统不但把庞大的汉字字模信息存进了计算机，而且能很快输出；与蒙纳系统终端一屏只能显示11个汉字相比，汉字终端一屏能显示352个汉字，增删改的反应速度也比蒙纳系统快几十倍。这些都是困扰蒙纳的难题，金斯询问："汉字字体这么多，字号这么多，怎么放到计算机里去？有什么方法能够把这些信息压缩放到计算机里？"现场接待的同志以"技术人员不在"为由谢绝回答。原来，为了技术保密，王选回避了这次接待。后来蒙纳还提出希望购买北京大学的技术，王选没有答应。

之后，国外一些专家慕名前来参观，北京大学先后接待了一批美国、日本等外国专家和厂商。王选先进的设计思想引起了国外同行的浓厚兴趣和称赞。

1979年10月，王选接待了美国麻省理工学院的美籍华人李凡教授。李凡此行来中国是帮助清华大学建立硬件实验室的，当时他正指导研究

1979年,王选谢绝了李凡的工作邀请,但两人成了好朋友,李凡用他的拍立得相机拍下了这张那个年代少有的彩色照片

生研究高分辨率汉字字形的信息压缩问题,听说了王选的研究成果,专程来北京大学拜访。当李凡得知王选发明了一种汉字信息压缩技术,总压缩率达1∶500,而且输出质量无懈可击,他感到激动和惊诧,怎么也想象不出眼前这位瘦弱而且不修边幅的北京大学讲师在那么简陋的科研环境下发明出了如此伟大的成果。李凡向王选发出了资助他去麻省理工学院工作的邀请。这在当时许多人眼里是求之不得的机遇,王选却谢绝了。他说:

虽然我们的计算机条件十分简陋,给研发工作带来很大困难,我也渴望优秀的科研环境,但我的工作离不开国内的集体和协作单位,更重要的是汉字的信息化问题应该由中国人自己解决。

历经十年磨难仍对祖国不离不弃,王选的决定使李凡在感动之

余更生佩服之情，他送给王选一本正在开发的 Am2900 位片微机手册，这为王选日后采用微处理器作为 II 型机照排控制器主体的设计方案起到了决策性作用。同时李凡还给方毅副总理写信，建议重视保护自主知识产权，把王选的发明申请外国专利，并表示愿意帮忙。其实北京大学也早有此想法，只是当时中国成果申请外国专利还存在法律问题，此建议暂时搁浅。

1980 年 1 月，北京大学与日本松下电器公司洽谈合作研制汉字终端一事，该公司最高顾问、被日本誉为"经营之神"的松下幸之助率领一个高级代表团来到北京大学，他参观了照排系统后给周培源校长写了一封信，信中说："在汉字信息处理系统方面，贵大学已经有了相当高的水平，我感到非常高兴。"日本研究汉字照排系统已有多年，汉字信息的存储问题一直是他们公认的难题，始终未能解决，王选先进的设计让日本人叹为观止。

除参与接待专家来访，王选还收到了大学教授、新闻媒体、计算机界等许多海外来信，有表示敬佩的，有邀请访问的，有约稿的，王选也利用一些学术会议大力宣传激光照排技术成果，并细心记录下专家们的评价。

当时的王选仍是名不见经传的普通科研人员，在对外交流的过程中难免出现不太和谐的小插曲。1979 年 11 月，美国文字印刷基金会代表团来华，在交流会现场，王选利用会议休息时间临时"出击"，走到副团长、哈佛大学教授霍夫海因斯面前，快速地用英语做了自我介绍，并拿出报版样张介绍起激光照排系统。霍夫海因斯教授表现出很大的兴趣，邀王选到休息室详谈，这可急坏了负责接待的中方人员，他几次打断王选说："人家是美国教授，都懂，不用你来说。"

1981年2月，张龙翔（前排中）与王选（二排左一）、毛德行（二排左二）、顾小凤（二排左三）、钟耀坤（后排左一）、李一华（后排左二）等"748"骨干，在北大临湖轩与日本松下电器公司洽谈合作事宜

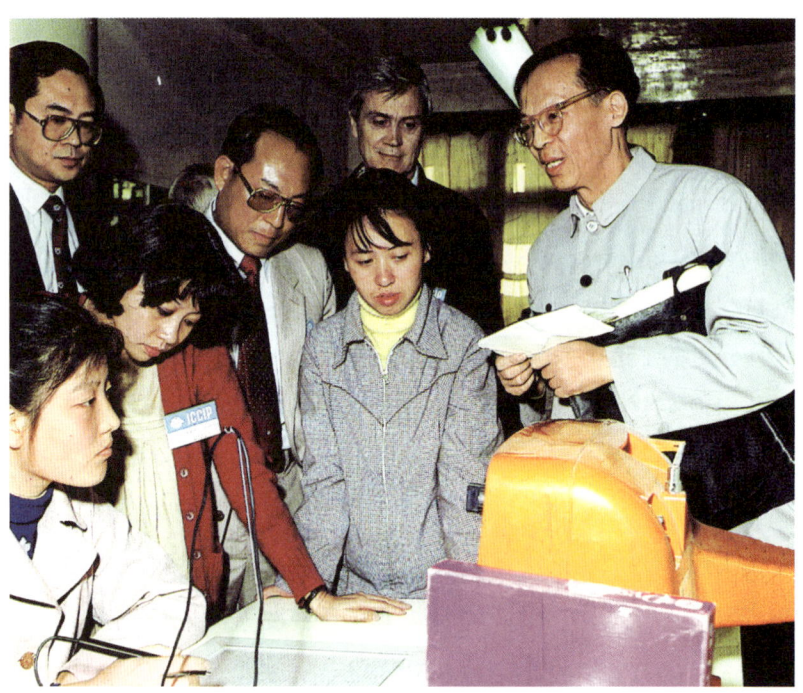

王选接待参观原理性样机的来宾（20世纪70年代末）

1979—1983 年王选细心记录的外国专家对汉字激光照排系统的评价

由于受到干扰,两人不得不很快结束了交谈。当天霍夫海因斯便联系北京大学,与王选进行了仔细交流。在美国代表团下榻的宾馆,在霍夫海因斯和国际光电子公司、麻省理工学院的印刷专家和电子技术专家面前,王选展开用激光照排系统输出的底片,专家们仔细观看着，不停地说"这一成果激动人心，印象深刻！"

后来，美国文字印刷基金会表达了合作意愿，但由于种种原因没有谈成。1987年和1991年，王选两次作为特邀专家到美国波士顿参加国际文字处理会议，并在会上做主题报告。当时汉字激光照排系统正在国内迅速推广应用，王选又碰到了当年美国文字印刷基金会代表团的几位专家，其中一位提出希望做中国系统的北美代销商。

1980年3月，中国香港《工程与科学》杂志刊登了一篇题为《电脑—激光汉字编辑排版系统》的综述，在海外媒体中首家报道了激光照排研制成功的消息：

……首创活字和雕版印刷术的中国人在世界印刷术的革新上又作出了新的贡献。北京大学的科研人员研制成功一种汉字信息压缩技术，使每个汉字的信息量减少了很多，并可实现字的变倍，从而使总的信息量也大大下降。这一突破，据悉在中国以外还未做到……中国在电脑汉字信息处理方面和印刷技术革新方面正在赶上并在某些方面达到或超过世界先进水平。

1980年10月，王选随第四机械工业部代表团第一次到中国香港地区参加国际中文信息学术会议，参加会议的有海内外代表100多人，中国代表团的团长是钱伟长。会议的主题是讨论汉字信息处理，由于知道消息太晚，大会没有安排王选发言，王选只带了一些用原理性样机输出的报纸样张和样书。在听了几十位中外学者的发言后，王选强烈地感受到自己技术的先进性，认为应该把带来的成果做一个介绍。他向会议程序委员会主席、IBM公司余嘉培博士提出可否在会议最后加一点时间让他讲讲，余嘉培在会议结束前挤出了15分钟让王选发言。

1987年王选参加美国文字处理国际学术会议的报告草稿

大会发言必须用英文，这是王选第一次在大庭广众之下用英文作学术报告，他快步登上讲台，用标准的发音、准确的词句深入浅

1980年10月18日，香港《明报》对汉字激光照排系统进行了详尽报道，并配发了一张王选的照片。这是王选首次在媒体上露面，引起了业界广泛关注

出地介绍了北京大学研究的高倍率信息压缩技术和高速复原技术以及以此技术为核心的汉字激光照排系统。

15分钟很快过去了，报告结束时，王选就被专家们团团围住，大家纷纷索要样报、样书。有人用中文大声说："你的报告太精彩了，为会议唱了一出压轴大戏！"

王选报告引起的轰动被团长钱伟长看在眼里，他在欣喜的同时想到，保护好这项了不起的技术已迫在眉睫，应该立即着手申请专利。在改革开放刚刚开始的年代，这一专利是以中国香港居民的身份"曲线救国"诞生的。

1981年的一天，王选收到钱伟长的来信，信中说他已经通过香港星光集团的董事长黄金富打通了申请外国专利的渠道，由黄金富成立专门的内地专利代理机构，利用香港居民可以在香港申请欧洲

112

各国专利的有利条件,帮助中国内地的发明在香港登记外国专利。

王选与黄金富顺利取得了联系,并开始撰写专利说明书。当时国内还没有专利律师这一职业,幸好王选英文水平过硬,他参考国外专利说明书,仔细琢磨,发现专利说明书中"权项"最重要,即用严格的法律语言确定被保护的发明内容和范围。在颇费一番心思后,一份厚厚的中英文专利说明书在王选笔下诞生了。

1982年5月,电子工业部张淞芝和王选一起赴香港,由黄金富出资登记了欧洲专利EP0095536"字形在计算机的压缩表示",发明人王选,专利申请人黄金富、张淞芝、王选。由于第一申请人必须是香港居民,所以黄金富排在第一位,王选把自己的名字放在了最后。

王选1976年设计完成的技术终于在1982年申请了专利,这是我国申请的第一个欧洲专利,王选成为第一个获得欧洲专利的中国大陆居民。1987年2月5日,欧洲专利局发出专利批准通知,这一

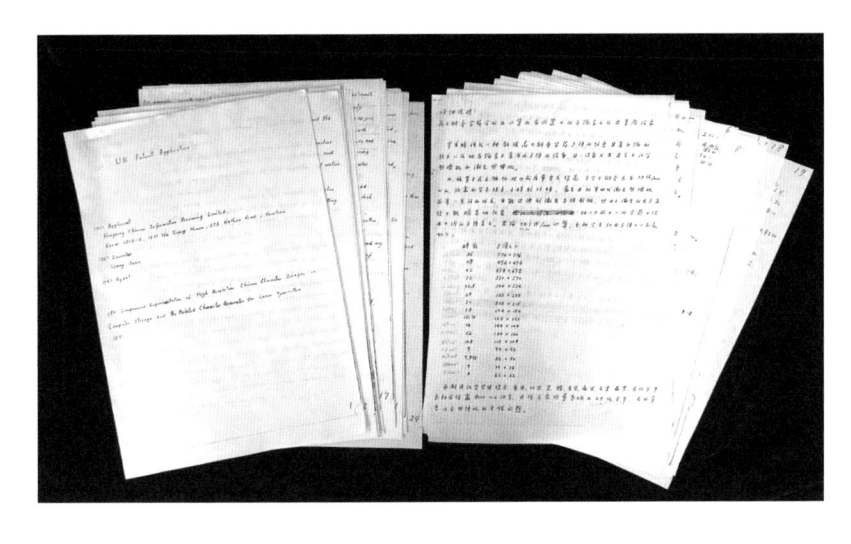

王选撰写的欧洲专利申请书中、英文手稿,1998年被中国革命博物馆(现国家博物馆)永久性收藏

天正是王选 50 岁的生日。

经过接触，热心的香港商人黄金富被王选的才华和人品深深打动，真诚地邀请他到香港工作，开出了月薪 6 万港币的丰厚待遇，并表示愿意出资让王选赴美国进修和工作。当时王选一年工资还不到 1000 元人民币，但他毫不犹豫地谢绝了，理由和回绝李凡的一样：祖国和科研团队需要他留下。

1987 年，王选获得的欧洲专利证书

面对绝症，陈堃銶笑着对王选说："我身体弱，癌细胞也不容易扩散"

原理性样机研制成功后，王选在喜悦之余很快平静下来，冷静地分析着样机的不足。原理性样机存在很大的不稳定性，几乎所有的设备均不可靠。同时，引进风仍旧刮得很猛。国内持怀疑态度的大有人在，他们不相信国产系统能胜过进口设备。英国蒙纳公司的两台中文激光照排机在来华展览后，被以每台数十万英镑的价格留购，分别放在京沪两地作为样机进行研究，蒙纳公司也趁机与多家国内印刷机构开展合作。

面对这种形势，王选心里明白原理性样机不可能走出实验室，它的使命已经完成，为了与国外竞争，必须尽快换代升级，加紧研制基于大规模集成电路的真正实用的Ⅱ型机系统。王选开始多方奔走，寻求有关部委的支持。幸运的是，国家计划生育委员会、科学技术委员会、电子工业部和国家教育委员会都大力扶植国产系统。时任国家进出口管理委员会副主任的江泽民在了解情况后，更是给予了大力支持。据李岚清在2008年编著的《突围——国门初开的岁月》一书记载：

1980年2月22日，江泽民同志写了一份报告，由汪道涵、周建南同志核报谷牧副总理。报告提出：北京大学等单位对"中文激光照排设备"的研制，已有明显成效，技术接近成熟……对于该项目应予积极扶持，可给以少量外汇（20万美元）进口小型电子计算机和一些主要外部设备以及集成电路组件等，以便继续试验使其完善化，……各有关单位应和北京大学共同配合，集中力量，将这一项目搞得更加完善，开花结果。谷牧同志 2 月 27 日批示：这个问题，开始时各方意见不大一致，经同有关方面反复研究，我认为这个方案是可取的，请秋里、王震、方毅、依林、鹏飞同志审批。其他领导同志很快也圈阅同意。

不久，王选看到了这份报告，犹如雪中送炭，他最深切的感受是"一个小人物有了独创思想和方案后，在最需要支持和最困难的时候得到了精神上的巨大鼓励和科研条件上的重要支持"。的确，报告中提到的 20 万美元资助是在 1979 年年底中国外汇储备仅为 8 亿多美元的前提下提出的，与今天我国 3 万多亿美元外汇储备下的 20 万美元绝非一个概念。不久，北京大学用这笔钱从日本购买了 NDG 公司生产的 NOVA 计算机，并进口了一些其他元器件，这在很大程度上加速了激光照排项目更新换代的实用化进程，为日后科研成果产业化创造了不可或缺的条件。

其实，早在 1979 年拿到李凡送来的 Am2900 手册后，王选就在紧张调试原理性样机硬件系统之余开始设计 II 型机方案。他的这一举动曾引起有些同事的不解，认为应该首先把原理性样机系统调试稳定，但王选很清楚原理性样机不可能实际应用，更新换代必须提早动手。现在有了国家的支持，王选更忙了。1980 年夏天，王选的母亲来北京住了大半年，但王选和陈堃銶两人只陪她去了一次颐和园，时间对于他们来说根本不够用。

1981 年 10 月，正当王选忙得无暇他顾之际，一个坏消息似晴天霹雳彻底将他打懵了：陈堃銶得了直肠癌！

1980年,王选、陈堃銶与王选母亲、侄女王侃夫妇游颐和园

陈堃銶本来体质就弱,一方面是工作劳累,生活缺乏规律;另一方面还要照顾体弱多病的王选,使她经常感冒、头晕、胃疼……1981年7月,原理性样机调试进入关键时期,每天的紧张工作结束后,陈堃銶就将当天的情况记录下来,这是她多年养成的工作习惯。当时陈堃銶已便血半年,但她顾不上去医院仔细检查,只是用了些痔疮药对付一下。

当时计算机设备简陋,稳定性差,给程序调试带来极大困难。图为陈堃銶1981年6、7月关于调试程序艰难程度的工作记录,此时她已患直肠癌。

1981年陈堃銶患癌时的工作笔记

鉴定会后,陈堃銶又投入Ⅱ型机系统的换代工作,虽然时常感到疲乏,但她一直咬牙坚持到10月,等到一切按计划安排就绪,才利用国庆节调休时间到北京大学校医院看病。大夫检查后立刻让陈堃銶转院,并嘱咐要有家属陪同。

10月6日,王选陪陈堃銶来到北京大学第三医院,医生神色严肃地对王选说:"你爱人得的是直肠癌,怎么不早来看,现在癌细胞50%有可能已经转移,必须立即手术。"

王选听了大夫一番话,不啻晴天霹雳、忧心忡忡、悔恨不已。他难过地对妻子说:"这些年你受苦了,是我不好,没照顾好你……"陈堃銶却十分镇静,她笑着安慰王选说:"都说体质弱的人什么都长得慢,我身体弱,癌细胞也不容易扩散,还有50%的希望呢,只是工作会受到影响,我要和大家交代好……"

当时癌症在中国很难医治,一旦得了就如同被判了"死刑",同事们都感到十分震惊,陈堃銶一边和同事们交接工作,一边笑着说:"放心吧,我没事!"工作安排妥当,陈堃銶回家收拾东西准备住院。晚上，她跟王选开玩笑说："我得把这几年的睡眠补回来，养足精神准备挨刀。"

　　住院后进行检查、等待手术的那几天，陈堃銶和同房病友谈笑风生，还唱起了苏联歌曲《喀秋莎》。病友的丈夫感动地对王选说："像你爱人这样坚强的女同志真是不多见。"

　　陈堃銶超常的镇静和乐观感染了王选，他默默祈祷癌细胞千万不要扩散。

　　1981年10月26日，陈堃銶被推进手术室。为了方便照顾，王选的姐姐王儁从无锡赶来帮忙。王选和姐姐在手术室外守候着，王儁见弟弟像热锅上的蚂蚁一样来回踱步，来北京的几天，王儁惊讶地发现小时候爱美的弟弟现在忙得没时间修饰自己，经常错穿两只不一样的袜子，甚至将陈堃銶的袜子硬往自己脚上套，出门也常常丢三落四。

　　手术终于结束了，陈堃銶的癌细胞既未扩散、更未转移，医生给陈堃銶做了直肠切除和肛门改道手术，这给陈堃銶一生带来了常人难以想象的不便。

　　王选把妻子交给姐姐，一溜烟赶回学校，等王选回到医院已是傍晚，他让姐姐回去休息，自己守了妻子一整夜。王选悄悄对陈堃銶说："以后我会好好照顾你，将来老了，也是我先送你走，不让你一个人孤单，一个人的日子太难过了。"

　　第二天回到家，王选买了一本菜谱，又去菜场买菜买肉。他要把激光照排暂时放下，专心给妻子做几样好菜。

　　接下来的一个多月是王选一生中做家务最卖力的时期。对于丈夫的精心照料，陈堃銶有这样一段感人的回忆：

王选与陈堃銶

  我住院后,王选拿出全部精力伺候我。他随身带着一个小本,上面记着家里衣物的存放位置、医生的嘱咐、要备的物品以及一周的菜谱等。不善家务的他每天为我准备有营养的饭菜,看着菜谱变着口味地给我做菜。

  他平时生活上不大会料理,这时候却爱琢磨,找了好多瓶子,反正我吃得不多,他每天炒完菜就一瓶一瓶装好了,骑自行车送到医院,有时候一天跑三趟。住院四十多天我几乎没吃过医院的饭。周围的人看了都很感动,也很羡慕。

  出院以后,因为肛门改道,我的消化也不好,经常拉肚子,弄得非常狼狈,很脏。有时候一天要换几次衣服,都是王选给洗,他一点都不嫌脏,总说"不要紧不要紧,没事没事"。他很细心,一个男同志能够做到这样的确很不容易。

王选与陈堃銶伉俪情深

不过,紧张的工作使王选努力做家务的局面只维持了一两个月就又恢复了原状。他歉意地笑着对陈堃銶说:"看来我只能派急用。"

陈堃銶手术后休息了一年,但这期间她仍不时过问工作。1982年秋,陈堃銶瘦小的身影又出现在单位机房,继续负责软件的研制,紧张程度和承受的压力丝毫不亚于手术前。她的身体还十分虚弱,饮食

1983年,王选和陈堃銶在家中工作

1985年10月26日《北京日报》对王选科研团队的报道《科研战线的"中国女排"》

稍有不慎就引起腹泻，同事们劝她多休息，但她一进机房就忘了一切。亲友们劝她不要这么不顾性命，她说："不是我的觉悟有多高，而是形势所迫，面对激烈的国际竞争，必须争分夺秒地把激光照排实用化、产业化，否则对不起国家的投资，也对不起天天加班、努力工作的科研集体。"

1983年，陈堃銶被评为"全国三八红旗手"。1985年，王选、陈堃銶团队因激光照排系统成功在新华社投入实用，被媒体誉为"科研战线的中国女排"。

如果1985年Ⅱ型机系统还不能实用，国家的经费我们一分钱也不要！

1982年，"748工程"又迎来了一个重大转折。为了解决文化教育事业蓬勃发展与印刷出版技术落后的矛盾，国家制定了全国印刷技术装备"六五"和"七五"发展规划，设立印刷技术装备协调小组，由先后担任国家计划委员会副主任、国家机械委员会副主任的范慕韩担任协调小组组长，我国的印刷技术改造工作全面启动。

1982年11月，范慕韩和协调小组副组长兼办公室主任沈忠康等一行到北京大学，对汉字激光照排系统进行实地考察。王选详细讲解了汉字信息压缩、还原等过程。随后，王选又陪同范慕韩一行到新华社参观原理性样机整套设备的运行情况，并告诉大家目前第二代系统正在加紧研发，会更加稳定实用。

考察过后，大家对北京大学的汉字激光照排系统有了全面深刻的认识，但在讨论是否将北京大学"748工程"纳入全国印刷技术装备发展规划时意见不统一，因为原理性样机看上去既笨重又粗糙，运行也不稳定，肯定要进一步改进，而北京大学的科研人员能够在成果实用化的道路上走多远，大家心里没有底。

为此，范慕韩与王选进行了一次推心置腹的谈话。他微笑着询问王选："许多高校的科研成果是为了献礼、评奖、评职称，对成果转化重视不够，转化能力也不强，而国家经济贸易委员会抓这个规划是要

1989年10月,王选、陈堃銶与范慕韩合影

把科研成果实用化、商品化,改造传统印刷产业。这是个艰苦的过程,想听听你的想法。"王选没有犹豫,立即坚定地表示:"这和我们的目标是完全一致的。我们一开始研究的目的就是要使中国甩掉铅字,实现激光照排,用创新技术改造传统出版印刷行业。如果仅仅是为了报专利、评职称,目的早就达到了,不用再费这么大力气搞第二代。"范慕韩高兴地握着王选的手说:"好!解决汉字激光照排要依靠我们中国人自己的力量,你很有战略眼光,我们支持你!"

不久,"748工程"被纳入全国印刷技术装备"六五""七五"发展规划,得到了印刷专项支持。王选信心更足了,他感慨地说:"印刷专项起了风险投资的作用。1975—1995年,北京大学因激光照排项目得到国家拨款达 1000 万元，占印刷专项中很小的比例，但没有印刷专项就不会有后来激光照排系统的迅速发展，所以对有前途的、技术创新含量高的幼苗予以扶持是很重要的。"

1983 年，王选设计的 II 型机系统基本完成，在各方面都比原理性样机前进了一大步。它采用大规模集成电路和微处理器作照排控制器，除 DRAM 存储板外共用了 200 多块芯片，比原理性样机的元件减少了一个数量级。体积缩小，输出速度加快，这一方案在 20 世纪 80 年代初 PC 机、门阵列专用芯片等还处于萌芽状态时是极有竞争力的创新设计。王选还设计了世界上第一台用激光打印机在普通纸上快速输出逼真大样的功能，用以代替昂贵的相纸输出。

王选设计的 II 型机系统部分手稿

印刷技术装备协调小组决定在新华社设立 II 型机系统中间试验工程，为正式定型生产打下基础。主抓这项工作的是协调小组副组长兼办公室主任沈忠康。

新华社中试车间的建设很费周折，虽然国家下拨了 220 万元作为启动经费，但旧通讯大楼当时十分拥挤，为了抢时间，只好先在地下室搭架子。在克服了种种困难后，1984 年年初，II 型机系统终于在新华社安装完成，系统刚开始测试时各部分都有不少毛病，王选和同事们十分辛苦。

1984 年 10 月，北京举办了第一届国际印刷机械展览会，美国、英国、日本等国家的照排机厂商纷纷参展。与 1979 年的第一次展览相比，第二次引进高潮来势更为凶猛。面对外国公司功能新奇的产品和花样翻新的攻势，个别协作单位信心不足，提出撤走协作人员；有的单位提出要改变技术途径，认为"在磁盘容量很大的今天，应该放弃北京大学的轮廓加参数的字形描述方案，用磁盘直接存储点阵，这样实现才简单。"

用户和业内人士也对国产系统侧目而视。人民日报社组织了一次专家论证会，讨论是否引进外国系统，王选也接到邀请参加了方案介绍。在会上，他力陈北京大学激光照排系统技术上的先进优势，然而让王选伤心的是，除了新华社，绝大多数人甚至包括电子工业部的与会专家都赞成引进，人民日报社最终决定花费 429 万美元购买美国 HTS 公司的照排设备。

这一年，王选被评为 1983 年度北京市教育系统先进工作者，又从副教授特批晋升为教授，他的科研精神和成果得到了政府和学校的认可，却不被用户采纳。是临阵退缩，还是决战市场？王选选择了后者。

这是王选人生的又一个重要抉择：从实验室走出来，站在市场的最前沿，与外国产品一争高低！20世纪80年代初做出这样的决定，不仅要对自己的技术成果高度自信，还要有足够的勇气抛下知识分子的清高。支撑这一切的，是中国的印刷革命应由中国人来实现的一腔爱国豪情。

在1984年年底印刷技术装备协调小组和电子工业部主持的一次讨论会上，当着各协作单位的面，王选果敢地说："如果1985年上半年Ⅱ型机不能达到实际使用的目的，北京大学全部退回印刷专项的经费，一分钱也不要！"

1985年年初，王选一大早冒着寒风来到新华社印刷厂新建成的试验车间，各路人马集中到北京，考验系统能否真正实用的关键一战就要打响了。本想试排《参考消息》，但怕风险太大，改为试排新华社内部机关报《前进报》（旬报）和日刊《新华社新闻稿》。

初试一开始，问题立即显现出来。《新华社新闻稿》每天出版一期，每期多达64页14万字，上百个文件要求在比较短的时间同时有四个组版终端进行修改、编辑和校对，一天要出三遍大样，任务十分艰巨。操作系统、排版软件和终端软件时有故障，有时大样校改后出现宋体变黑、大段遗漏甚至错字变字，后来发现是终端存字的缓冲区太小，后进来的字把前面的字给顶了出去。照排机上下片经常卡住，不得不关灯摸黑处理；有时排版进行得很顺利，上照排机输出时软片却怎么也出不来。有人开始打退堂鼓，主张停止试验。

协调小组紧急开会制定措施，王选又急又累，患了重感冒，没能出席。陈堃銶参加了会议。主抓这项工作的沈忠康不但没有指责，反而肯定了系统试用以来的成绩，并帮大家分析遇到的问题、讨论解决方案，新华社的领导也给大家加油打气。这一切，让王选、陈堃銶及同事十分感动。

1985年，激光照排系统在新华社投入使用，图为王选和技术人员查看用系统排印出的《新华社新闻稿》（日刊）

为了使系统正常运行，王选与合作单位的科研人员进驻新华社现场"保驾"，一些同志春节也顾不上回家，陈堃銶则和软件人员针对一个个问题改进设计。在他们的不懈努力下，Ⅱ型机系统终于得以正常运转。经过三个月连续运行，共排印《新华社新闻稿》88期、《前进报》12期，约1200万字，而且从未耽误出刊出报。

1985年4月，万国科技博览会在日本筑波举办，计算机—激光汉字编辑排版系统被选为我国少数几个电子产品的代表参加了博览会，除剪纸、瓷器等中国古老的传统文化项目，这一成果突出展示了中国的自主科技力量，引起广泛关注。

1985 年 5 月，Ⅱ型机系统在专家们严格的审查下通过了国家级鉴定，同时新华社激光照排中间试验工程通过了国家验收。在鉴定会上，大家给Ⅱ型机系统起了一个寓意深刻的名字——华光，意思是依靠中国人的力量一定会点亮印刷技术革命的中华之光。胡乔木同志到新华社参观了系统运行情况，会见了王选、陈堃銶等主要研制人员。

华光Ⅱ型机系统作为我国第一个实用照排系统，被评为 1985 年中国十大科技成就。然而，王选知道改造出版印刷行业的一个重要条件是系统能够出大报、日报，而华光Ⅱ型机系统存在很大局限，难当此任。要走向市场，大规模推广普及，还需要付出很多努力。

1985 年，在新华社印刷厂的试验车间里，王选（右一）向周培源（左二）、卢嘉锡（右三）、黄辛白（左一）等领导和专家介绍Ⅱ型机系统运行情况

新华社新闻稿

1986年1月1日　星期三　第5815期　新华通讯社

国内新闻

《人民日报》一九八六年元旦献词《让愚公精神满神州》 …………………（1）
李先念同南京群众共庆新年 …………………………………………………（2）
彭真在无锡同群众一起庆祝一九八六年元旦 …………………………………（2）
万里到北京师范大学与师生共庆新年 …………………………………………（2）
胡启立到首钢向工人祝贺新年 …………………………………………………（2）
胡启立、邓力群到北京市先进人物汇报组成员座谈 ……………………………（3）
新年前夕李鹏同志到北京油泵阀嘴厂看望工人 ………………………………（3）
总结经验　坚持改革
　——在中央农村工作会议上的讲话
　（一九八五年十二月六日）
万里 ……………………………………………………………………………（4）
我国农村经济改革取得巨大成功，各业生产兴旺发达 ………………………（6）
首都报纸就中央农村工作会议召开分别发表社论 ……………………………（7）
李鹏、姬鹏飞会见应邀摄影界人士 ……………………………………………（8）
谷牧在深圳会见庄世平等香港知名人士 ………………………………………（9）
全国侨联主席张国基新春寄语 …………………………………………………（9）
人民解放军野战军改建为集团军 ………………………………………………（9）
一九八六年审计工作要有一个大发展 …………………………………………（10）
"六五"期间我国职工教育事业出现蓬勃发展的好形势 ………………………（10）
企业喜辞旧岁　生产频传佳音 …………………………………………………（11）
全国一九八五年收购上中等烤烟二千四百万担 ………………………………（13）
石日港大型现代化化码头建成 …………………………………………………（14）
化工部将对各橡胶工业企业择优安排生产和供应原材料 ……………………（14）
攀钢各级党组织认真端正党风带领职工取得两个文明建设新成果 …………（14）
▽《中国科技报》评选出一九八五年十大科技成就 ……………………………（15）
湖南十三个县市消灭或基本消灭血吸虫病 ……………………………………（15）
通讯：《青春之歌》续篇同世前夕访杨沫 ………………………………………（16）

1986年1月1日　　　　　　　　　　　　　　　　　　　　15

外单位送来的"红包"及夹有现金的"表彰信"二百三十余次，金额达二万五千余元。

攀钢党委还对全体党员加强了党风党纪教育，为了提高党员的思想、政治素质，他们除抓好经常性的教育外，公司和厂矿两级党委分期分批将全体集中脱产轮训。广大党员增强了党员观念，在两个文明建设中发挥了先锋模范作用。去年全公司命名的标兵和先进生产（工作）者中，党员占到百分之六十四。

攀钢各级党组织联系实际，层层订出端正党风的规划和切实可行的制度，把端正党风的工作落到了实处。从公司党委到每个党小组，都严格组织生活制度，定期过民主生活，开展批评与自我批评，每年坚持合年终总结，组织职工代表评议干部。这些措施时促进各级干部端正党风起到了良好作用。几年来，这里先后调出十多名县以上级党员领导干部，临行前都是清茶一杯欢送。公司党政主要领导干部没有一人利用职权为家属和亲友谋求特殊照顾。

好党风带出了好厂风。广大职工大体、顾大局，奋发进取，社会主义物质文明建设和精神文明建设都取得了丰硕成果。近几年来，攀钢的工业总产值和上交利税都以百分之十五以上的速度递增。到今年为止，这个公司已累计上交利税十二亿五千四百万元，收回了建厂时的全部投资。

《中国科技报》评选出一九八五年十大科技成就

新华社北京十二月三十一日电 一九八五年我国科技工作喜获丰收，经有关科技主管部门推荐，《中国科技报》评选出这一年的十项重大科技成就。

十项重大科技成就：
葛洲坝二江、三江工程及其水电机组建成；
抽田高含水期采油方式研究取得重大成果；
黄淮海平原农业自然条件、自然资源的评价与合理利用；
一万五千吨浮轮短纤维成套设备的设计和研制；
千万吨级冶金建天矿成套设备的研制；
科学探测和技术试验卫星应用于大规模国土资源普查；
计算机一激光汉字编辑排版系统应用世；
受控核聚变实验装置中国环流一号通过国家验收；
原子法激光分离铀同位素的原理性实验取得成功；
心包内分泌功能——心纳素的研究获得大突破。

一九八六年元旦出版的《中国科技报》上将详细介绍这十项成就。

湖南十三个县市消灭或基本消灭血吸虫病

新华社长沙十二月三十一日电 （记者曹光辉）我国血吸虫病流行最严重的湖南省，经过三十年坚持不懈的努力，血防工作取得了重要成绩。现在，原来的主要患区中，慈利县已经消灭了血吸虫病，另有十二个县和国营农场基本消灭了血吸虫病。

日前在长沙召开的湖南省血防工作会议介绍说，血吸虫病在湖南流行至少有二千一百多年的历史，主要流行在洞庭湖区五个地市。一九五五年毛泽东同志发出"一定要消灭血吸虫病"的号召以后，湖南疫区各级先后建立了血防领导小组，全省抽调三千多名医药卫生人员，组建了一百三十多个基层血防专业机构，在疫区形成了一个能防能治的专业血防队伍。会上表彰了一批为血防工作做出卓著成绩的先进集体和个人，给从事防治工作三十年以上和二十五年以上的同志分别颁发卫生部和省人民政府颁发的荣誉证书。

计算机—激光汉字编辑排版系统被评为1985年中国十大科技成就

130

III型机系统险中取胜，
《经济日报》首家"告别铅与火"

早在 1984 年年初，当 II 型机系统还在新华社紧张地安装调试时，王选就开始考虑全新的下一代系统。他发现 DG 公司生产的 DESKTOP 机与 NOVA 机及 153 机指令系统相同，容易移植，而用 PC 机的话则改动较大。DESKTOP 虽不是微机，但体积小，且用了 Am2900 位片微处理器等设计的照排控制器，机柜也只有台式机大小。为了便于推广，王选想不如先实现小型化，这就形成了过渡性的 III 型机系统。

系统必须满足大的日报使用，是王选坚定不移的目标。另外，科技书籍的排版因涉及各种复杂的数理化公式和符号，需要铸造专用铅字字模，耗时费力，效率极低，所以王选决定在 III 型机系统上开发排报纸的报版软件和排科技书刊的科技版软件。

1985 年 11 月，距离 II 型机通过鉴定仅半年，华光 III 型机系统正式面世。科技排版软件由研究生郑民、任书亮以及陈堃銶带领软件组的人员负责研发，这款软件不仅可以方便规范地排数学、化学等方面的公式，陈堃銶还设计了用以插入其他软件排版结果的结构，使软件功能更强、使用更方便。

1986 年 12 月，华光 III 型机系统与科技版软件通过了部级鉴定。这是我国第一个实用科技排版系统，解决了书籍出版问题。该系统获得了第 14 届日内瓦国际发明展览会金奖、全国首届发明协会发明奖等大奖，

王选设计的Ⅲ型机系统手稿

1987年7月,王选、陈堃銶与学生们在华光Ⅲ型机前

从此，中国的汉字激光照排系统蜚声中外。

面对成绩，沈忠康提醒大家"只结了一个小果"，还要继续拼搏，结出更丰硕的果实。王选对此深有同感，他用手画了一个大大的圆圈，对大家说："我们得了这么多奖，但如果市场将来还是被外国产品占领了，那成绩只等于零！"

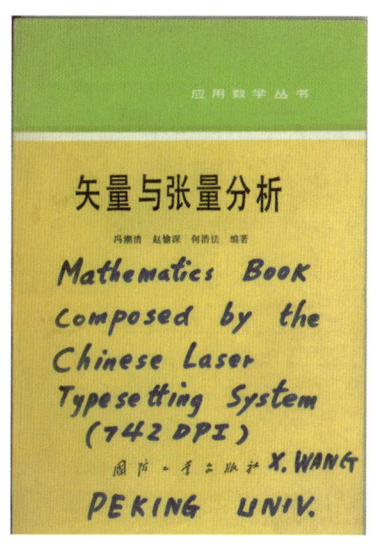

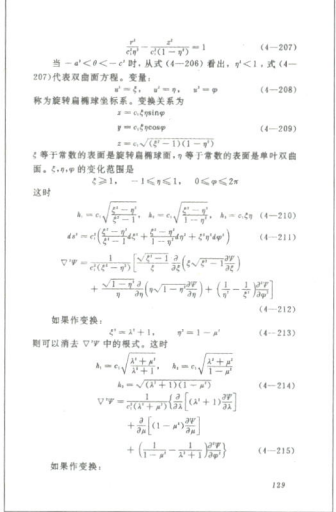

1986年12月，国防工业出版社出版了我国第一本用华光Ⅲ型机系统排印的科技图书《矢量与张量分析》，图为该书封面及内页，笔迹为王选手迹

1986年12月22日，华光Ⅲ型机系统鉴定会在北京惠桥宾馆召开，王选（前排左一）、陈堃銶（前排右一）与郭平欣（前排左三）等合影

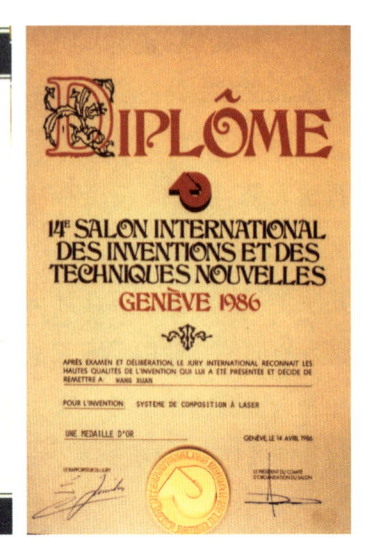

1986年王选荣获第14届日内瓦国际发明展览会金奖，图为获奖证书和参展资料

要达到决胜市场的目的，系统必须能顺利排印大报、日报。由于报纸时效性强、字体要求多、版面变化多，对照排系统的考验非常严格。哪家报社有勇气抛开已有百年历史的铅字排版来冒这个险呢？这时，《经济日报》印刷厂厂长夏天俊站出来主动请缨。

《经济日报》当时全部采用铅排铅印，日排字量只有10万字左右。夏天俊算了一笔账："铅排的话，一个工人平均一天排不到5000字，一天最少要排10万字，需要20个人。还要铸字、上架子、拼版，再加上照相、制版、印刷这一套程序，需要150个人出这一张报纸。"不但报社的印刷生产能力越来越不适应新闻出版形势的发展，而且污染严重，对周围居民和城市环境造成极大影响。夏天俊被这些问题苦苦困扰，当他得知新华社试用汉字激光照排系统取得了很好的效果就动了心思：干脆跳出铅排铅印的传统工艺，尝试激光照排这只"螃蟹"。

很快,《经济日报》激光照排试验工程被纳入"七五"规划,得到国家资金上的重点支持。1986年9月,第一套华光Ⅲ型机系统运至经济日报社印刷厂,正式进入实战。

不久,系统就遇到了一个棘手的困难:由协作单位开发的大报排版软件时效总是上不去,组一个版面大约要1个小时,而且只要修改内容就必须重新排版,这种情况对时效要求很高的报纸来说是不允许出现的。报社要求限期解决,王选心急如焚,回家与陈堃銶商量。陈堃銶虽然有解决办法,但当时忙于下一代系统的软件设计等工作,无暇顾及。王选希望她先把手头的工作放放,赶快帮忙解决系统的问题。陈堃銶不情愿地说:"他们的某些领导出于本单位利益考虑,将所有工作都说成是他们自己做的,只字不提北京大学。我想憋他们几天再去,让他们知道离了我们不行。"王选一听就急了,冲着陈堃銶嚷起来:"现在系统到了关键时刻,必须以大局为重,我不考虑成绩归哪个单位,只要做出来,算谁做的都行!"

这是他们一生中唯一的一次吵架,王选平时性格温和,两人很少吵得起来。第二天,冷静下来的陈堃銶赶到经济日报社悉心指导技术人员如何改进,大报排版软件的难关很快攻破,系统终于可以应对大报出版任务了。

经济日报社经过慎重考虑,决定先用每周三出版的《中国机械报》做试验,而且是采取铅排和照排同时进行的方式,一版一版地上照排。10月28日出了第一版报纸,到12月才把该报的四块版面全部改为照排。1986年岁末,该报发表了主编朱石川写的《别了,铅排——今年最后一刊的补白》一文,以庆祝这一时刻。

《经济日报》照排的过程也是循序渐进、小心谨慎的。1987年4月

王选和陈堃銶在查看报纸胶片上的排版效果,他们是最佳科研搭档

中旬开始编排三、四版,一个月后增加了第二版,因为这些版面时效性要求不高,可以提前两三天预排。直到1987年5月22日,《经济日报》的四个版面才全部用上激光照排,世界上第一张用计算机组版、激光照排系统整版输出的中文日报诞生了。

全部上照排后,意味着要在有限的时间里赶排出每天的日报。日报对时效的要求是极其严格和紧张的,新华社凌晨1点左右截稿、5点左右发行,除去印刷,留给排版的时间实际上只剩两三个小时。

用计算机激光照排出的第一张四开报

1986年12月30日，我国首个正式采用国产激光照排的报纸《中国机械报》发表文章《别了，铅排——今年最后一刊的补白》

这么短的时间出报，新系统一时间故障重重、错误百出：重字、重行、丢字、丢行、标题移动困难；照排机、激光印字机抗干扰性能差，扫描抖动，暗盒不严，走纸不匀，上下胶片定位有问题……不断地出现错误，不断地登报致歉，有几天甚至延误出报两三个小时。

1987年5月22日,《经济日报》采用华光Ⅲ型机系统出版了世界上第一张计算机屏幕组版、整版输出的中文日报

不明原因的读者纷纷来信指责,迫于巨大的舆论压力,报社领导不得不向夏天俊发出最后通牒:必须在10天内排除故障,顺利出报,否则就退回到铅排作业!

大家心情一下沉重起来,一旦退回到铅排,就意味着宣布系统失败,十多年的努力就要付之东流。王选建议报社向读者解释问题正在改进,并调集各方技术骨干跟班作业,随时解决出现的"火情"。

夏天俊后来回忆:"这最后通牒给我们的打击非常大,我当时都要哭了。好在有王选,他观察指导着每一个环节的运行,不论大小问题,他最终都能迎刃而解。我最钦佩的就是他对事业的认真、执着,不辞辛苦的高度责任感,还有他作为科学家的聪明才智。"

范慕韩和报社总编范敬宜等人也多次给大家鼓劲加油。经过日夜紧张奋战,系统险中取胜,终于达到了正常运行的要求。

1987年10月,党的十三次代表大会召开,大会工作报告全文34000多字,《经济日报》在收到新华社电讯稿之后立即上华光系统进行计算机排版,整个过程仅用20分钟。其他大报则召集一批熟练的铅字排版工人苦战三四个小时才完成了排版任务。激光照排大显神威,彻底消除了一些用户对国产系统"先进的技术，落后的效益"的担忧。

1987年12月，华光Ⅲ型机系统在经济日报社通过国家验收，鉴定书的结论是："该系统与铅排工艺相比，提高劳动效率五倍以上，大大缩短了出版周期，改善了工人劳动条件，消除了铅污染，甩掉了铅作业，这是报纸印刷工艺向现代化迈进的一项重大改革。"

1987年12月6日，《经济日报》头版刊登长篇通讯《告别铅与火的时代》，喜悦和自豪之情溢于言表

1988年7月，《经济日报》印刷厂实施了一项中国印刷界从未有过的壮举——卖掉了占据整整一层楼、数十大架各种字号的铅字和字模，砸掉了黑乎乎的铅锅，搬走了字架等一切铅作业设备，撤销了铅作业机构和人员。工人们经过培训，穿上了白大褂，坐在整洁明亮的照排机房里工作，键盘的击键操作代替了人工拣铅字，一张张黑白分明的照相底版代替了一块块沉重的铅版。

这是我国第一家"告别铅与火、迈入光与电"的报社，中国报业和出版印刷业技术革命的大幕正式开启。

2013年，在中国印刷博物馆陈列的《经济日报》1987年5月21日最后一块铅版前，陈堃銶向北大计算机所教师讲述"告别铅与火"的难忘历史时刻

计算机能处理汉字，能排版了，其意义不亚于原子弹爆炸！

1987年，华光Ⅲ型机系统荣获国家科技进步奖一等奖，王选也获得了首届毕昇奖，然而形势仍十分严峻。一方面，业界引进了几十套英国蒙纳系统及日本的三代机；另一方面，国内反对声仍不绝于耳。一种"负债心理"萦绕在王选的心头，"国家给了我们1000万元拨款，研究出来的产品最后却在市场上被别人打倒，我们到底有功还是有过？"王选对同事们说，"一定要把科研成果变成商品、变成生产力，为国家创造财富，这比十个权威赞扬一百次都要实际得多！"

从1984年起，王选一直在设计新一代系统——Ⅳ型机系统，与前三代相比，它有着质的飞跃：以微机为主机，配备WA、WI超大规模专用芯片，字形复原速度达到710字/秒；具有强大的、花样翻新的字形变化功能；可实现文字和图形、黑白照片的合一处理，成为真正意义上的栅格图像处理器（RIP）；配备了大屏幕交互式报纸组版软件和批处理书刊排版软件……这些撒手锏使华光Ⅳ型机系统一面世便在世界银行的国际招标中接连中标17套，总价值130万美元。

1988年下半年，《经济日报》印刷厂换装了Ⅳ型机系统，使1989年的年利润高达243万元，比1986年铅排作业时增长了4倍。与同等任务的铅作业相比，减少厂房面积68%，用人减少60%，耗电量减少68.7%，成本下降17%。

1988年11月，王选与同事讨论汉字激光照排Ⅳ型机系统的技术问题

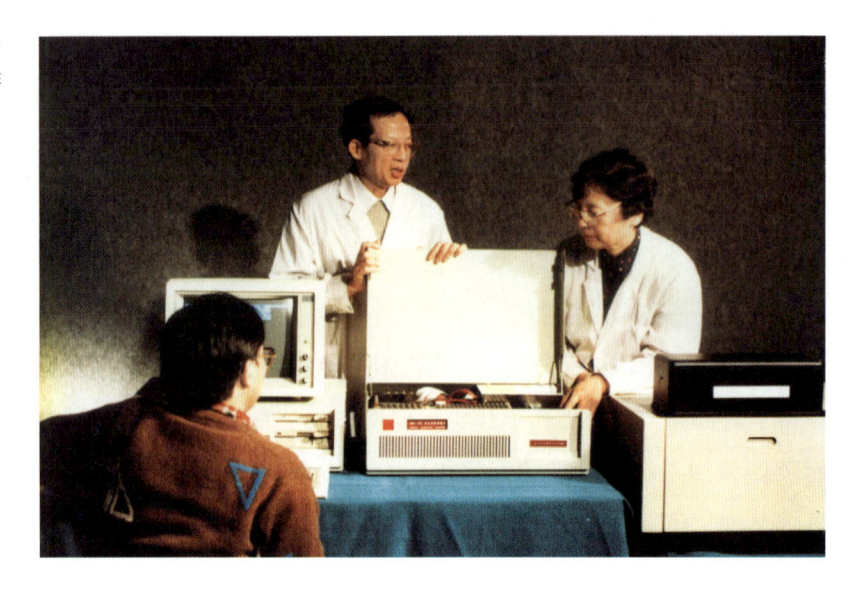

用华光Ⅳ型机系统排出的字形样张

《经济日报》的巨大成功消除了用户的担忧，华光Ⅳ型机系统开始投入批量生产并在国内大规模推广普及。就在这时，人民日报社找到王选。原来，人民日报社在1985年进口了美国的HTS系统，却不能用于排中文报纸。按照合同，中方已向美方交付了200多万美元，如果美国公司交付的机器不能使用，国家的外汇将付之东流。

此时，王选研发的激光照排系统不但比美国的HTS系统更早投入了生产性使用，而且价格是HTS系统的1/15。人民日报社起初

没有要求王选改造 HTS 系统，只是提出购买国产系统，但王选认为 HTS 系统的许多硬件设备还是先进的，如果能改造好，不仅能为国家节约成本，还可以借此表明中国人的技术实力。

1989 年 3 月，人民日报社和北京大学签订了改造协议。仅用了 4 个多月的时间，王选和同事们就妙手回春，使这套系统起死回生，顺利出报。国务院重大办一位领导感慨地说："做一件漂亮的新衣服自然是难的，但要把一件差的旧衣服改造成一件好衣服则更难，技师得有更高的水平。"一句话道出了改造这套设备的艰难程度。

美国 HTS 公司提出购买王选的专利技术，王选婉言谢绝了。不久，美国 HTS 公司就因无力偿还银行贷款而宣布破产。HTS 公司的溃败像是骤然推倒了多米诺骨牌，1989 年年底，来华研制和销售照

1989 年 3 月 31 日，电子工业部在人民日报社召开"改造人民日报进口设备技术论证和协议签订会"。王选（右二）、沈忠康（右三）、北京大学副校长陈佳洱（右四）和范慕韩（右五）等在会上

排系统的外国公司全部退出中国市场，国产汉字激光照排系统在与国外产品的激烈会战中大获全胜。

从1975年投入照排项目的研究以来，王选和同事们一直都在怀疑、讽刺声中顶着压力拼命奋战，王选曾多次感叹"我们是在骂声中成长的"。1989年，骂声终于被一片赞扬声所取代。

随着华光激光照排系统大规模推广，由潍坊计算机公司独家生产和销售带来了许多弊端，最有效的解决办法是引进竞争机制。早在1984年，王选就向丁石孙校长提出成立科技开发公司，走产学研结合的道路。1988年，经国家经委同意，王选带领计算机研究所与北京大学新技术公司合作，生产和销售北京大学华光Ⅳ型激光照排系统，从而打破了潍坊计算机公司独家生产的局面。1990年9月，潍坊计算机公司单方面推出了华光Ⅴ型机系统，并且不允许北京大学再使用"华光"商标。于是王选开始加紧研制北京大学新系统，

王选绘声绘色地介绍电子出版系统的印前技术

于 1991 年 3 月推出了"北大方正电子出版系统"（即方正 91 型系统）。为了使报社和印刷厂及早用上系统，王选身体力行，奔赴全国各地办讲座、作报告，推广应用。

与此同时，王选决定开发基于北京大学页面描述语言 BDPDL 的卫星远程传版的创新技术，以实现全国报社异地同步印刷出版。这是另一项影响我国报业技术的重大变革。

1989 年，全国只有三四家中央级大报在外地有代印点印刷，当时外地传版的手段主要有两种：一是靠进口昂贵的报纸传真机传版，这是当时国外普遍使用的传真方式，但当接收方与发送方的传真机分辨率不一致时，失真严重且速度很慢；二是靠航空，用飞机送纸型，在时间上要慢半天甚至一天。

怎样使外地读者看到当天高质量印刷的报纸呢？王选想到了北京大学自行研究制订的 BDPDL 页面描述语言，它是由陈堃銶设计的一种用于描述版面上文字、图形、图片和照片等各种元素的计算机信息。如果在此基础上开发一种新的传版方式，传送的不是版面，而是页面描述语言，把版面的各种元素转换成数据通过卫星进行传送，其信息量将大大减少，传送速度也会大大加快。由于接收方使用的也是国产激光照排系统，所以能够很容易地解释页面信息，恢复成和原版一致的版面并输出制版。

这一技术很快水到渠成，被国务院秘书局首先采用，实现了向各省政府机关的远距离文件传输。在报社方面，人民日报社走在了前列，1990 年 8 月 29 日，人民日报社与北京大学合作，在北京和湖北之间首次成功进行了报纸卫星实地远传试验，传送一个版面仅用了 5 分钟，效果与原版完全一样。9 月 1 日，《人民日报》在头版报道了《我国报业发展中一件大事——本报版面卫星实地远传试验成功》。到 1992 年年底，《人民日报》

已通过卫星向全国22个城市传送版面，传输速度缩短到平均2分钟传送一版。从此，全国大多数地区都在同一天看上了《人民日报》。

接下来的几年，王选又带领北京大学团队研制出第五、第六代照排控制器"方正93"和"方正PSP"，以此为核心的方正电子出版系统以无可比拟的技术领先优势占据了市场鳌头。那几年，王选每到一个城市，第一件事就是看报栏，他能一眼看出报栏中的报纸哪些是用国产激光照排系统排版印刷的，哪些是铅排的。直到有一天王选看到上海交通大学的校报都在用激光照排出报，从此他不再驻足报栏前——因为国产激光照排系统已遍布全国。

到1993年，国内99%的报社和90%以上的书刊印刷厂采用了国产激光照排系统，我国延续上百年的铅字印刷行业得到彻底改造，走完了西方40年才完成的技术改造道路。截至20世纪末，累计产值达100亿元，创利润15亿元，出口创汇8000万美元，产生了极大的经济和社会效益。

1994年8月26日，"纪念汉字信息处理系统'七四八'工程

1994年，王选、陈堃銶和范慕韩等在纪念"748工程"二十周年大会上

二十周年大会"在中央电视台梅地亚宾馆隆重召开。王选和陈堃銶见到了多年的老领导、老同事，20年弹指一挥间，抚今追昔，大家百感交集。王选在大会上总结了20年间作出的20个重要技术决策，分析了汉字激光照排系统工程取得成功的原因，还特别分享了科研历程中的三点启迪："一要发现和重用年轻的小人物；二要相信中国人自己的科技力量，以我为主，同时吸收和直接利用国外一切好东西，参与国际竞争；三是需求刺激创造"。

王选设计的汉字激光照排系统手稿达2000多页，这是其中一部分

时任国务委员、国家经委主任张劲夫出席了这次大会。2002年6月28日，张劲夫在《人民日报》刊登了《我国印刷技术的第二次革命》一文，指出："汉字激光照排技术在改造我国传统的印刷业中发挥了巨大作用。如果说从雕版印刷到活字印刷是我国第一次印刷技术革命的话，那么从铅排铅印到照排胶印就是我国第二次印刷技术革命。"

2001年，中国工程院评选出25项"二十世纪我国重大工程技术成就"，其中"汉字信息处理与印刷革命"当选第二项，比第一项"两弹一星"仅差一票。这应验了1987年周培源在《经济日报》系统验收会上说的那句话："计算机能处理汉字，能排版了，意味着中华文化能够长久而深远地弘扬下去，其意义不亚于原子弹爆炸！"

科技顶天　市场立地

王选手书"科技顶天　市场立地"

王选是那个年代少有的"有市场眼光的科学家",他主张将"学术上的远大抱负"与"占领市场"相结合,他认为:"应用性科技的成果必须经得起市场的考验才能对社会有实际作用",坚持"科技顶天、市场立地",带领科研队伍不断研发自主创新的高新技术,引领市场潮流,使我国的出版印刷技术继"告别铅与火""告别报纸传真机"后,又引发了"告别电子分色机""告别纸与笔"和"告别胶片"的跨越式革新,最终形成了全新的电子出版产业,打开并占据了90%的海外华文报业市场,成为用高新技术改造传统行业的典范。

研制彩色出版系统是王选1989年做出的决策。当时我国只有几家大报能够在逢年过节出几天彩报,使用的全部是进口电子分色机,把彩色图片制成黄、青、品红、黑四张色片,再由专业工作人员通过复杂的拼贴工艺把图片与文字合在一起,制一个版面常常需要两三个小时。进口电分机每台数百万元,十分昂贵,我国从 1973 年就着手仿制，但仿制成一代，马上就被国外新的一代淘汰，始终不能进入市场。

1989 年 6 月，王选给硕士生肖建国布置了一个任务："不去仿制电子分色机，直接研究文图合一的彩色出版系统。"

听了老师的话，肖建国陷入犹豫和为难之中。自己此前研发的报纸排版是文字处理技术，与彩色图像处理技术之间毫无相似之处，也没有什么经验。更重要的一点是当时国际上连研发这项技术的试验设备都很少，只能根据揣摩和替代设备来研究，近乎异想天开。

听了肖建国的顾虑，王选笑着鼓励他说："虽然现在还没有成熟的设备条件，但我们要早下手，先解决技术问题。没有经验可以学习，当初我们搞激光照排又有谁有经验呢？你尽管大胆去做，我给你们当后盾！"

1987 年，王选、陈堃銶与肖建国（左）等学生在计算机所机房

149

1991年10月用彩色出版系统排印的《中国乡镇企业报》

王选的一番话使肖建国有了动力，他很快和几个青年骨干开始了挂网、校色等关键技术的开发工作，并找到了一家试点用户——解放军报社代印的《中国乡镇企业报》，边试用边改进系统。经过几个月的艰苦努力，1991年8月8日，第一张用彩色出版系统排印的《中国乡镇企业报》诞生了。

然而，当时大部分报社没有出彩报的习惯，市场需求很少，王选也在积极寻找样板用户。不久，《澳门日报》进入了他的视线。

《澳门日报》曾经购买了一套繁体版的汉字激光照排系统，由于没有电分机，每天不得不把彩色图片拿到香港制作分色片，价格比一般报社贵，效率也低，因此他们对彩色出版系统的需求更加迫切。1991年下半年，《澳门日报》技术负责人温锦明听王选介绍完北京大学方正彩色激光照排系统，立即同意建立合作关系。随即，肖建国、王会民、鲁志武等几员干将入驻《澳门日报》，开始了紧张的工作。

1992年1月21日，北京大学方正彩色激光照排系统在《澳门日报》投入生产性使用，在世界上第一次实现了彩色照片和中文的合一处理和输出。1月27日，《澳门日报》用整版彩色篇幅作了题为《新闻出版业静静地起革命——澳门创中文图文合一彩色照排世界第一》的大型报道，引起极大轰动。彩色系统的使用使《澳门日报》的成本比传统工艺节省 3/4 以上，出报时间节省 2/3，极大地提高了效率和质量。

1992 年 5 月，《大公报》作为香港第一家用户购买了方正彩色激光照排系统，但他们对质量要求十分严格，一版一版地试用，而且每次都用电分机和照排同时处理。终于有一天连行家们也分不出孰高孰低，甚至认为照排的结果优于电分，《大公报》这才下定决心舍弃电分机，全部用上彩色照排，成为香港首家使用该系统的用户。

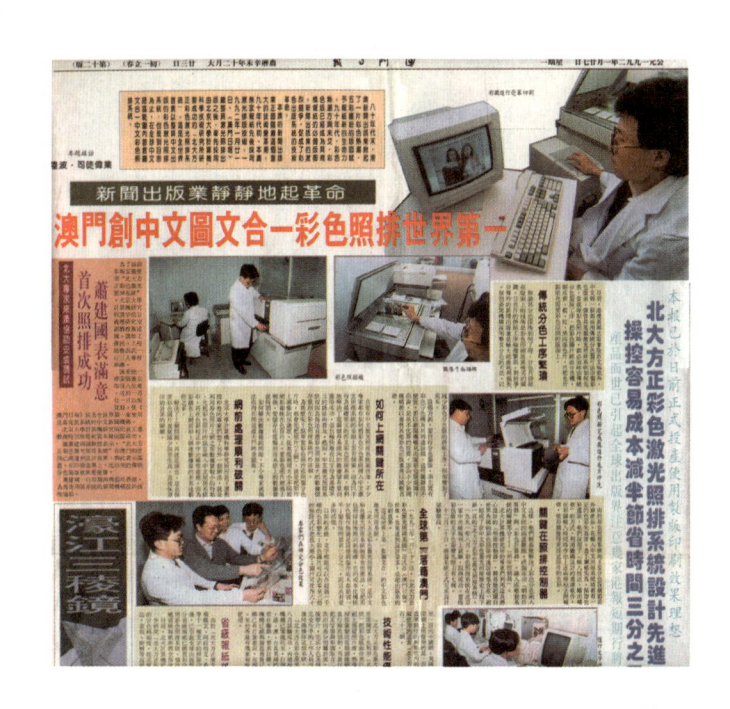

1992 年 1 月 27 日，《澳门日报》用整版篇幅报道了该报采用北京大学方正彩色激光照排系统

1993 年 2 月 16 日，香港《大公报》报道："国外许多电脑公司已先后宣布：在汉字电子激光照排领域，我们放弃与中国人竞争。"

151

1992年6月1日,《科技日报》成为大陆首家采用方正彩色激光照排系统的报社。该报在6月1日头版刊登《告读者》:"本报今日采用彩色激光照排出版彩色版,改变了使用电子分色机出彩版的传统工艺,是大陆应用北京大学方正彩色激光照排系统出版的第一张彩报!"

1993年,香港最大的报业集团《明报》进行国际招标,王选的科研团队最终技压群芳,赢得了《明报》1400万美元的大单。在它们的示范作用下,美国《星岛日报》、马来西亚《亚洲时报》等一批海外华文报社纷至沓来。许多外国计算机公司先后宣布:"在汉字电子激光照排领域,我们放弃与中国人竞争。"

1992年6月1日,《科技日报》成为大陆首家采用北京大学方正彩色激光照排系统的报社

与此同时,王选带领的科研团队又成功研制出新闻采编流程计算机管理系统,1994年1月被《深圳晚报》首家采用,记者和编辑从采访、写稿、编辑修改、传送、审定、签发直到组版、发排,全部实现了计算机管理,成为我国第一个"告别纸与笔"的报社。经过不断创新和完善,这一系统发展为"报业数字资产管理系统",被

我国报社普遍采用。

"告别胶片、直接制版"是王选团队研制成功的又一高新技术，它采用数字化工作流程，把版面的文字和图像信息直接输出到版材上，直接上胶印机印刷，从而免除了输出胶片、人工晒PS版等工序，降低了成本，进一步提高了印刷质量和效率。1999年，直接制版系统在《羊城晚报》下属的《新快报》正式投入生产性使用，开启了"告别照排胶片"的技术革命。

作为我国第一批把科研成果推向市场的先行者，王选通过自身的实践探索总结出"科技顶天、市场立地"的产学研结合创新模式。

1994年1月11日，《深圳晚报》关于王选和"告别纸与笔"的报道

王选在查看用汉字激光照排系统输出的报纸胶片

1999年，王选在介绍用直接制版系统出版的《新快报》，高兴地宣布"告别胶片"的技术革命正式开启

"顶天"是指对未来技术或下一代技术作技术储备，进行预研和探索，以不断追求技术上的新突破。"立地"是指商品化和大量推广、服务。"顶天"和"立地"应紧密结合、相辅相成，以此实现"技术与市场的正反馈"。

"今后衡量我贡献大小的一个重要标志，是发现和培养了多少青年才俊"

从连续 18 年没有休息过一天的科研一线上退下来，是王选做出的人生又一个重要抉择，也是最难能可贵的一次自我跨越。

王选说："看到年轻人出彩是最高兴的事，因方向错误或管理不善而浪费优秀人才的青春年华则是最痛心的事。我的学生会在很多方面超过我，但是唯有爱才如命方面，恐怕难以超过我。"

1993 年春节过后，王选兴冲冲地拿着一摞设计手稿来到单位，交给学生们看。春节前，设计方正 93 芯片时遇到了技术困难，王选便利用春节假期设计出这套方案。不料，王选的硕士生刘志红看后一句话就否定了这个方案："王老师，还有一个更简便的方法，您可以在计算机上用检测 PC 总线 BUSY 的方法实现，效果比您的方案还好。"

刘志红不经意的一句话使王选猛然意识到现在的计算机技术发展迅速，自己在掌握重要的技术细节方面已不如年轻人。王选开始认真地反省。王选自 1992 年当选中国科学院学部委员、第八届政协委员后，各种事务性工作和社会活动日益增加，进行学术研究和实践的时间受到很大影响，而计算机这类新兴学科领域，不掌握或不熟悉重要的技术细节容易犯"瞎指挥"的错误。

经过深思熟虑，王选郑重提出退出科研第一线。他说："今后衡量我贡献大小的一个重要标志，是发现和培养了多少青年才俊，是否做到

1997年10月计算机所秋游时，王选、陈堃銶与刘志红合影

'爱才如命''人尽其才'和'才尽其用'。"

招收学生是发现和培养人才的重要来源和途径。王选从1982年开始招收硕士研究生，1986年开始招收博士生，截至2002年，他共招收硕士生56名、博士生39名。

到20世纪90年代末，北京大学计算机科学技术研究所的研发人员已有数百人。知人才能善用，为了解年轻人的情况和特点，王选让人事部门准备了一份花名册，看着一张张朝气蓬勃的年轻面孔，王选心中透着喜欢。一有时间，他便到各个机房"串门"，和年轻人聊天，了解他们的兴趣爱好和特长，并用笔把了解到的情况写下来。

没用多久，王选就能说出上百个年轻人的名字，大家也都愿意与平易谦逊的王选谈自己的想法。王选有着犀利的目光和惊人的记忆力，一旦发现哪个人有某一方面的突出素质，王选便牢记在心，想方设法为其创造条件，使这些年轻人的才能充分发挥出来。

王选在指导肖建国（右三）、阳振坤（右一）、汤帜（左三）等技术骨干

为了解年轻人的情况和特点，王选经常到机房和他们聊天，记下其求学、获奖情况、为人处事、兴趣爱好和能力特长，以做到知人善用。图为王选记录的笔记

同样是博士生导师的陈堃銶对年轻人也是爱护备至，王选忙的时候，陈堃銶就帮着王选带学生，许多学生在谈到自己的导师时经常说："我们是王老师的学生，也是陈老师的学生。"

　　王选曾提出"吸引年轻人才的四个条件"：一是成就感，要使年轻人有创造历史的感觉；二是创造团结和谐的环境；三是创造条件不断使年轻人的业务得到成长提高；四是提供较好的生活条件。多年以来，他一直努力践行着上述主张，想方设法吸引和留住人才。

　　作为学科带头人，王选认为最重要的责任是鼓励和帮助青年人选择具有挑战性、应用前景光明的研究方向和课题，然后创造条件帮他们取得成功。他说："导师的作用是指明研究方向或技术路线，

1987年7月，王选、陈堃銶和学生们在北大旧图书馆的计算机所前合影

绝不是知识比学生更高明,而是要保证 do what(做什么),至于 how to do(怎么做)则由学生来完成。"他和陈堃銶平时经常琢磨,这个年轻人适合干什么,那个年轻人适合干什么。特别是那些有才华的年轻人,要让他们从事感兴趣的工作,才可能发挥他们的才能。陈堃銶形象地比喻:"就好比吃鱼,要让他们吃到鱼中段的好肉,你只让他吃边边角角,他没有兴趣,干着当然没有劲头。"

1988年,王选的博士生郑民提出 Windows 提供的集成软件环境非常好,应该开发基于 Windows 的专业中文排版软件。当时 Windows 还很不成熟,但王选预感到它未来的发展前景很大,非常支持,并很快组织一批骨干让郑民带领进行研发,推出了"维思"系统,这个系统不仅是世界上最早的基于 Windows 的中文专业排版软件,也是国内 Windows 上的第一个大型应用软件。

王选给肖建国压重担,让他研究第一个大屏幕报纸组版系统和彩色出版系统,在他的鼓励下,肖建国实现了看似异想天开的目标,肖建国感叹:"王选老师让我敢于想前人所不敢想、做前人所不敢做的事,将研究成果转化为生产力,让社会承认自己的价值,在奋斗中享受成功的快乐,我感觉终于找到了一个可以终

1991年,王选带郑民到周培源先生家中拜访,让郑民坐在中间,充满爱才之情

身干事业的地方。"

栅格图像处理器（RIP）是激光照排系统的核心，前五代 RIP 都是王选主持研制的，他把研制第六代 RIP 的任务交给了博士生阳振坤，使他的潜能得到充分发挥。当阳振坤成功研制出基于国际上第一个中文 PostScript Level 2 的第六代 RIP 时，王选高兴地说："我的欧洲专利已被阳振坤更新了一半！"开始研制第七代 RIP 时，阳振坤大胆提出完全用软件算法代替原有的硬件芯片来实现汉字信息还原，这意味着王选主导设计的前面几代软硬件结合的产品将被彻底淘汰出局。没想到，王选坚决支持，并果断停止了新一代汉字还原芯片的研制。这个关键的决定最终确保了方正电子系统在国内市场的领先地位，并奠定了进军海外市场的基础。

1995 年，王选到日本考察时发现日本的彩色印刷业虽然十分发达，但其报业的电子排版相当落后，这使王选看到了难得的机遇，他决定开发日文出版系统，进军日本市场，并把任务交给了博士生汤帜和李立。1997 年，这一系统研制成功并被日本 300 余家出版机构使用，对此，《北京日报》报道称："这是中国企业第一次较大规模地出口和销售拥有自主知识产权和自有产品品牌的高科技应用软件"。

日本 NHK 电视台曾采访李平立，问他作为一名奥数金牌得主，完全可以到国外找一份收入更丰厚的工作，为什么要留在国内？李平立回答："在这里更能实现我的理想，过去都是日本把技术拿到中国来，现在我们让日本也用中国的技术，这种自豪感、成就感是任何东西也代替不了的。"

王选认为，创造平等宽松的环境对于人才的成长极为重要，他说："一个单位有一位学术带头人名气很大后，常常在很长一段时间内出不了新的名人，这是很值得警惕的。"为此，王选提出一个 12 字方针：给足钱、配备人、少评估、不干预。

著名的新浪网创始人之一王志东从北京大学本科毕业后一直在中关村"打游击"。王选了解了王志东的能力后专门找他谈话，承诺可以充分尊重他的自由。王志东被王选的信任和求贤若渴所打动，欣然应允。王选安排王志东研发 Windows 的中文化项目，为其专业性软件设计打下了基础。虽然后来王志东离开了，但他说："如果没有王老师的大力支持，甚至可能连新浪都不会出现。王老师永远是我的恩师。"

王选特别善于在精神上鼓舞年轻人。在一些成果发布会上，面对众多媒体，王选经常这样介绍："这一成果是在我们年轻的技术骨干带领下研发出来的。"他还会请在座的年轻骨干站起来，让大家认

1993 年，王选在接受电视台采访时来到机房，让汤帜介绍进军日本市场的情况

在成果署名上，王选提倡：导师做的工作不如学生，名字应放在后面；假如没做什么工作，就不应署名。在1996年获北京市科技进步奖时，王选认为学生阳振坤的贡献比自己大，就把名字署在了阳振坤的后面

获北京市科技进步奖 一等奖

项目名称	主要完成单位	主要完成人员
支持中文 PostScript Level2 和 BDPDL 的栅格图象处理器	北大计算机研究所，北大方正集团公司	阳振坤、王　选、刘志红、陈　堃、贲文华、张　力、汪岳林、黄湄平、赵汀枫、王立东

识一下。媒体采访王选时，只要一谈到那些有才华的学生，王选就会眉飞色舞、语调轻快急促，恨不得把所有青年人才称赞一遍。有时会带着记者到机房和他们一起讨论问题，让年轻人多露脸，提高他们的公众知名度。

除了在事业上激励和支持优秀的青年人才，王选还想方设法为他们提供良好的生活条件，解决他们的后顾之忧。早年研发条件艰苦，王选夫妇对学生悉心关爱，为了给大家一些补助，王选特意在暑期办班讲课，收点讲课费给大家发补贴。炎热的夏天，遇上周末加班，王选便骑上自行车买个大西瓜带到研究所给年轻人解渴，陪他们一起加班。过节研究所会给员工分一些水果、副食品等福利，王选和陈堃銶两人只领一份，匀出一份分给不是正式员工的研究生。王选还常请所里的年轻人到家里吃饭，给他们改善伙食。

北京大学计算机科学技术研究所的师生很多，王选对许多年轻人的家庭情况都很熟悉，只要听过一次就能记住他们爱人或孩子的名字。有的员工的妻子上班离家远，王选就帮助她调动工作，使其

1994年4月,王选带领北京大学计算机科学技术研究所员工参加北京大学运动会开幕式

1996年5月,王选、陈堃銶与年轻人一起春游

更方便地照顾家庭；员工或其家属患病，王选会热心介绍大夫和治疗方法，还把报纸上看到的偏方剪下来交给他们；一位博士生要回家养病，为了减少旅途劳累，王选出钱资助他买机票坐飞机回去。

20世纪90年代，北京大学实行单位集资建房，王选建议计算机科学技术研究所从技术转让费中拿出近300万元，先后在学校集资购买了60余套房子分配给一批成绩突出的年轻业务骨干。

为了让年轻人保持良好的精力，王选经常督促他们锻炼身体，自己也身体力行，单位组织春游、秋游，他都尽量挤出时间参加，学校的运动会更是带头参与。

在王选的悉心爱护和培养下，一批优秀的年轻人迅速成长起来，成为独当一面的科研带头人。

曾有记者问王选，为什么如此热心地提携年轻人？王选风趣地回答："我提拔年轻人并不是因为我高风亮节，而是我懂得一些社会发展规律，假如不这么做，人才就留不住，事业难以继续辉煌，我的名也就没有了。所以扶持年轻人既是一种社会需要，也是我的一个'自私'想法。"

清而不激，和而不流，
为而不恃，温文尔雅

有一次在电视上，人家要我用一句话形容一下自己，我说："我是一个曾经作出过贡献、今天创造高峰已过、跟不上新技术发展的过了时的计算机专家，就像下午四五点钟的太阳，快要下山了。"

——王选

1991—1994年，王选先后当选中国科学院学部委员、中国工程院院士、第三世界科学院院士，成为我国为数不多的"三院院士"。从1993年起，王选开始进入政坛，先后当选第八届全国政协委员

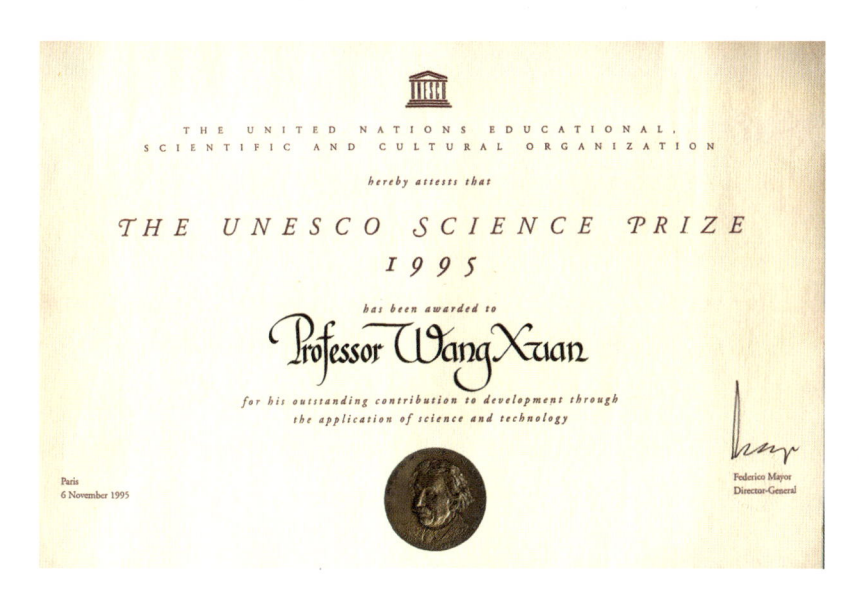

1995年王选获得的联合国教科文组织科学奖证书。迄今为止，我国只有王选和袁隆平院士获得过这一奖项

165

2002年，王选荣获2001年度国家最高科学技术奖

（1993年）、九三学社中央副主席（1995年）、中国科学技术协会副主席（1996年）、第九届全国人大常委会委员、全国人大教科文卫委员会副主任（1998年）等职务。2003年，王选当选第十届全国政协副主席，成为国家领导人。与此同时，各种荣誉接踵而至，王选先后获得联合国教科文组织科学奖等20多项国内外大奖，多次被评为全国劳动模范、先进工作者，2002年还荣获了2001年度国家最高科学技术奖。

记者曾在采访时问王选，"您取得成功的因素是什么？"

王选回答："我想主要是洞察力、执着、痴迷和团队精神。除此之外，在年轻的时候就需要一种非常刻苦的精神，而且丝毫不能急功近利。我非常赞赏西方的一句话：一心想得诺贝尔奖的，得不到诺贝尔奖。我当年做事，根本没有想到金钱上的报酬和个人的荣誉。"

好奇心、研究中难题和挑战带来的吸引力、取得突破后产生的伟大革命和深远影响，是王选执着和痴迷于科学研究的真正动力。从1975年到1993年，为了实现最初制定的宏伟目标，王选和妻子

选准方向
狂热探索
依靠团队
锲而不舍
王选
2003.7.33

王选为《中国院士治学格言手迹》题词,这也是他对自己科研治学之道的高度概括

陈堃銶没有休息过一个完整的节假日,每天分上午、下午和晚上三段时间工作。

陈堃銶在忙工作的同时承担了所有家务,为了让王选高度紧张的神经放松一下,陈堃銶有时故意让他干些洗碗之类的家务活,但王选常常做着做着家务或者吃着吃着饭,又忽然跑到屋里写了起来,

左图：1984年9月，陈堃銶记录的王选每天上午、下午和晚上三段时间工作情况，其中在进行系统换代设计的42段时间中，有21段是晚上、10段是星期日

右图：王选的许多设计方案都是在少有干扰的节假日完成的。图为1984年12月31日—1985年1月1日，王选在元旦假期完成的WA芯片逻辑设计手稿

他的脑子里时刻在想问题。

除了科研工作，王选还要参加各种会议，处理各种杂事。那些年，王选的胸闷、憋气虽然不常发作，但因身体弱经常感冒，陈堃銶心疼地形容王选是"写不完的材料，填不完的表，开不完的会，做不完的报告"。

王选与父母感情深厚，但双亲离世时，他都因为工作脱不开身，没能见他们最后一面。王选的母亲是1990年过世的，当时他正在开会，等他赶回上海，老人已经走了。王选抱着母亲的相片伤心地哭了许久。父亲1996年离世时，王选正在台湾出差，他很想回去送父亲最后一程，但赴台日程是早就安排好的，如果取消会带来多方不

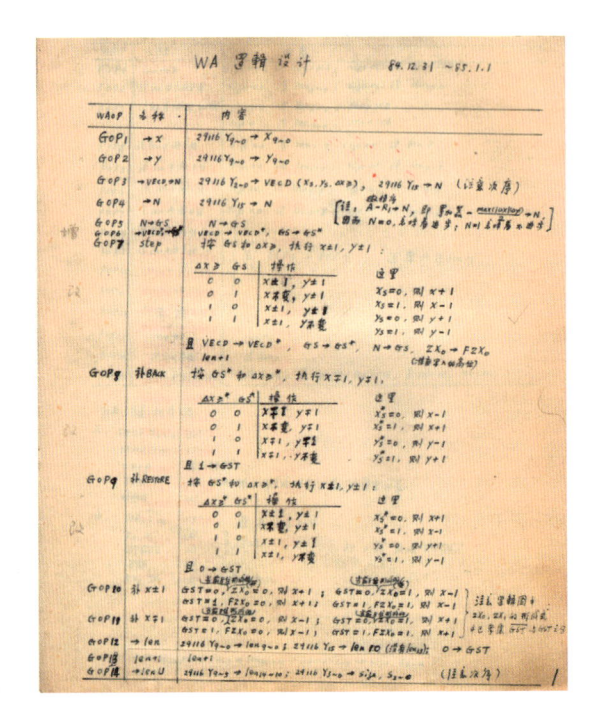

利影响。王选忍着丧父之痛,在台湾开了一个多星期的会。媒体描述王选具有"温谦儒雅的神态,如沐春风的言谈",唯有张旋龙、赵仁蓉等少数知情者理解王选的心情,对他充满敬重和感激。

虽然献身科学有无数艰难困苦,但也享受到了独特的快乐。在十多年的攻关过程中,有"三大快事"让王选兴奋不已:一是在攻克一个个技术难关时,冥思苦想,几周睡不好觉,忽然一天半夜灵机一动、想出绝招,使问题迎刃而解,这种愉快和享受是难以形容的;二是苦苦开发的产品实现了产业化,被用户大规模使用,这种成就感千金难买;三是发现了年轻的帅才、将才并委以重任。

在家里,王选和陈堃銶的最大乐趣是共同攻克科研难题、一起分享科研成功带来的喜悦,他们俩脾气相投、性格互补、观点契合、目标一致。两人在家里讲上海话,觉得有些意思用家乡话才好表达。此外,两人也各有爱好。王选喜欢京剧,收藏了许多珍贵的京剧录像资料;陈堃銶喜欢古典音乐,有全套的贝多芬交响乐录音带。不过,两人平时太忙,没有多少时间欣赏。

面对纷至沓来的荣誉和地位,王选始终保持着清醒的头脑,他说:"中国有句古话,上士忘名,中士立名,下士窃名。我的原则是:不该我得的名利坚决不要,可要可不要的名利也不要。我做不到上士,但是我不会为了立名而去窃名。"

> 献身科学就没有权利再像普通人那样生活,必然会失掉常人所能享受的不少乐趣,但也会得到常人所享受不到的很多乐趣。
>
> 王选 2000.1.3

这是王选题写的他最推崇的格言,前两句"献身科学就没有权利再像普通人那样生活,必然会失掉常人所能享受的不少乐趣"源自法国作家莫泊桑,王选看后深有感触,又在后面加了一句"但也会得到常人所享受不到的很多乐趣"

王选和陈堃銶在家中讨论技术问题，一起分享科研成功带来的喜悦

  1991年，广西科学技术出版社出版了《中华之光——王选传》，在封面和内容提要中把王选称为"中国汉字激光照排之父""现代中国的毕昇"，出版前王选没有看到。后来他在给友人赠书和多种会议场合都反复强调"……之父、当代毕昇等提法把100多人的功劳归于我一人，群体的精神和贡献并未体现。我能够得到今天的荣誉，是依靠了集体的贡献，是很多人共同努力的结果，当代毕昇是一个集体。"

  这不是王选谦虚，而是他的真实想法。多年来，他总觉得自己在科研的某些方面不如别人。他强调"善见他人之长是团队精神的基础"，这种"不如别人"的自我认识使王选能够真诚地尊重他人，听取和容纳不同意见。

随着知名度的提高，王选成了新闻界孜孜以求的热点人物。他对媒体约法三章：一不要到家里，二不问生活和家庭琐事，三陈堃銶不接受采访。王选频频在报刊和电视上露面，有人见到他便说"前两天又在电视上看到你了"。王选风趣地回答："一个科研工作者如果老是在电视上抛头露面，说明他的科技生涯快结束了，因为在第一线努力工作的哪有时间接受采访呢？现在我脱离了科研第一线，为了工作需要，到处作报告、接受采访，其实就是讲讲过去的经验，卖卖'狗皮膏药'，做点'招摇撞骗'的事情。"

王选非常赞同北京大学研究生中流行的一句话："不要急于满口袋，先要满脑袋，满脑袋的人最终也会满口袋。"十多年里，他几次放弃了长期出国的机会，即使短期出国，他也把带电器等大件的稀有指标让给别人，家里很长时间只有一台9寸的黑白电视机。一次他在香港的大商场看到一些人在买高档首饰，自己工资这么低，根本无力为妻子买件礼物，但他突发奇想："将来会证明，这些买高档物品的人对人类的贡献可能都不如我王选！"他说，人有时候是需要这样的"精神胜利法"的，但不是"阿Q精神"，而是对知识价值的高度自信和善于延迟满足的自我平衡素质。

虽然丈夫给自己买不起首饰，陈堃銶却无任何不满，在名利方面，她和王选一样淡然。1988年，王选和陈堃銶一起赴香港开会，这是陈堃銶第一次到香港，她没有去逛商场，而是一头扎进书店，翻看香港出版的报刊书籍，了解那里的华文排版格式。除了设计激光照排软件系统，陈堃銶还要协调各室之间的工作，负责各软件之间的衔接。因为她熟悉整个系统，常常要承担琐碎、不起眼却有难度的急活。后来她干脆做老系统的维护和其他配合工作，让年轻人腾出时间承担能出成果、好通过鉴定的项目。1993年陈堃銶退出了编程第一线，作为研究所的教授、博士生导师，悉心培养软件技术人才。她和王选一样，宠辱不惊，恬淡宁静。

　　王选由衷地感叹："幸亏陈堃銶在名利方面不追求享受，假如她比较庸俗地追求这个，一定要去搞高档的东西、要跟别人攀比的话，可能会逼着我在经济收入上去争斗或者去占更多的利益，可能会对我的事业产生很大的危害。这一点是她对我的又一个帮助。"

王选和陈堃銶在机房中工作

　　"清而不激，和而不流，为而不恃，温文尔雅"，这是媒体形容王选的一句话，形象地道出了他的为人品格和风范。

王选特别推崇"两弹元勋"邓稼先的真诚坦白、宽和纯厚和从不骄人，把邓稼先作为一生的榜样。王选的"纯净"人格与邓稼先十分相似，他性情温和、真诚坦率，看上去貌不惊人、衣不出众，丝毫感觉不到名人架子，更没有任何官气，大家都亲切地叫他"王老师"，即便后来他担任全国政协副主席，"老师"这一称谓也没有改变。若听到别人叫自己"主席"，王选会很认真地说："不要叫我主席！"有人称他首长，他开玩笑地伸出手说："我是这'手掌'！"

这是王选最常用的名片，当时他已担任全国政协副主席，但头衔只印着"北京大学计算机科学技术研究所教授"，他常说"这张名片是永恒的"

在工作上，北京大学计算机科学技术研究所书记刘秋云曾用三个字形容王选：一是"急"，性子急，工作效率高；二是"实"，为人真实，做事踏实，严谨求实，不搞花架子，容不得弄虚作假和逢迎拍马；三是"直"，单纯直率，说话、办事不会拐弯抹角。这一点妻子陈堃銶最了解："王选是个直性子，'一根肠子通到底'，他心里想什么，你一眼就能看出来，说话不会拐弯，有同事好心地要我转告他'害人之心不可有，防人之心不可无；拿不准的不表态，即使拿得准的也不要急于表态。'他听后哈哈大笑说：'我办不到！'他就是这么一个简单的人。"

虽然王选性格耿直，但他并不固执己见、执迷不悟，对处理不当或判断有误的事情勇于自我批评，并在公开场合表示"某件事上我是错的"。

王选公私分明，不愿占公家便宜，不多花单位一分钱。到外

173

地出差，总是坐经济舱、住标准间。王选外出开会总会带回一些主办方赠送的奖品和纪念品，小到钢笔、笔记本，大到高级手表、照相机，王选把它们都捐给了单位，到年底开联欢会时抽奖用。有一次王选在联欢会上抽中了一对情侣表，第二年他又把这对情侣表交上去继续做奖品用。

这块手表是王选从国外带回来的纪念品，他捐给北京大学计算机科学技术研究所作为1994年元旦联欢会抽奖的奖品。当时汤帜抽中，他珍藏多年，于2019年捐赠给王选纪念陈列室

在王选家里存放着几十张捐款收据：1981年捐给北京大学计算机科学技术研究所3.6元稿费，1990年捐给北京大学计算机科学技术研究所"陈嘉庚奖"奖金3万元，1996—1997年分四次捐给北京大学数学学院近30万元用作"周培源数学奖学金"，1998年捐给九三学社10万元，1999年捐给北京大学计算机科学技术研究所"香港蒋氏科技成就奖"奖金10万美元，还有给希望工程、抗洪赈灾、抗击非典等募捐活动的捐款……许多早期的收据已经发黄和破损了，有的只是一张经办人签名的简单收条，连公章也免了。

2002年，王选荣获国家最高科学技术奖，奖金500万元，北京大学等额匹配奖励他500万元。王选把其中900万元科研经费捐出

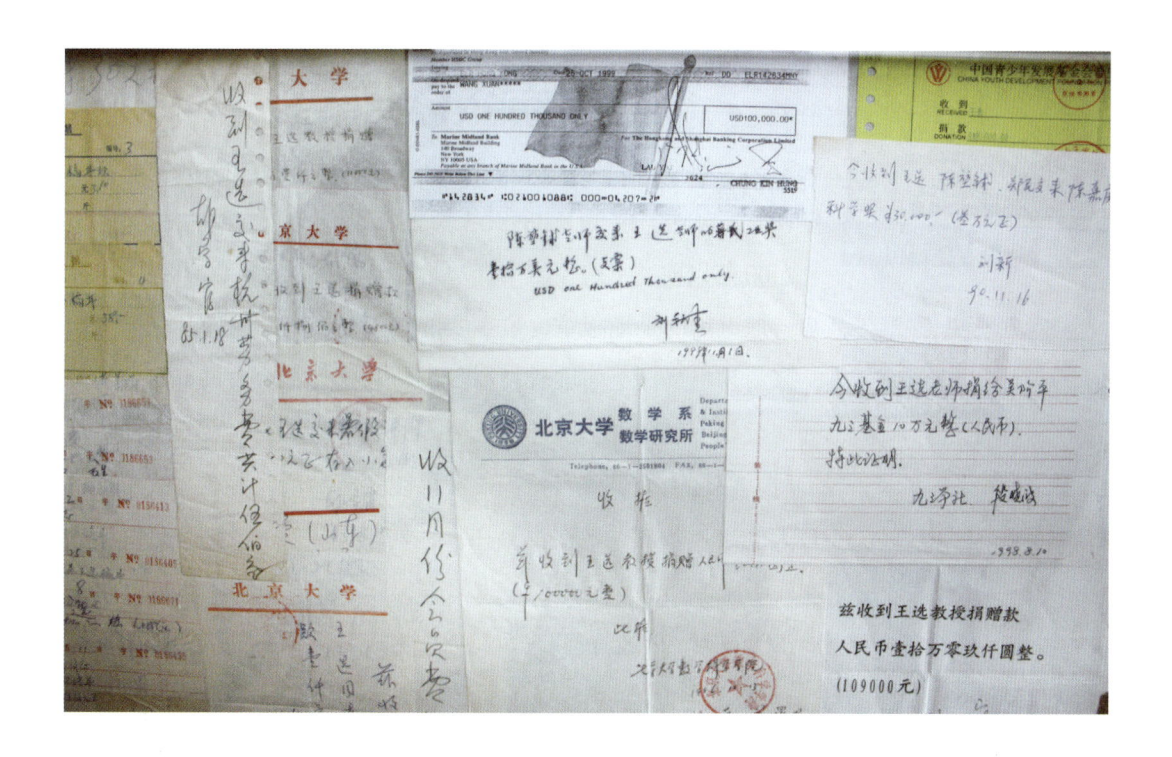

上图：王选和陈堃銶捐款的部分收据

下图：王选用过的衣物：外衣是20世纪80年代末定做的，他非常喜欢，穿了十几年，已很陈旧；眼镜戴了多年一直不曾换过；领带放在办公室的抽屉里，接待记者和贵宾时才戴上；塑料杯用了多年，上面的图案已经磨掉，但王选说轻便好用

来设立科技奖励基金，属于他个人的 100 万元在交税后绝大部分也捐给了北京大学计算机科学技术研究所。

王选夫妇捐出的是巨款，过的却是极为简单俭朴的生活，他们怡然自得，对吃、穿、住、行几无所求。

2000 年以前，王选住的一直是北京大学分配的一套 74 平方米的住房，地上铺的是地板革，最主要的家具是书柜，王选和陈堃銶一人一张简易书桌，上面堆着高高的资料和书籍，屋内没有多余的装饰和摆设。后来有机会住进院士楼，王选却拒绝了，他说："我已退居二线，住这个房子就行了。若有可能，应尽量改善在一线工作的年轻人的居住条件，现在都是在靠他们出成果。"一直到 2000 年王选生病不能再爬楼，两人才搬出来。

王选平时不喝茶、不抽烟、不饮酒，几乎不去商场，衣服、鞋

王选很喜欢戴这顶过时的鸭舌帽（摄于 2002 年）

帽都是陈堃銶去买，他甚至连自己穿多大尺寸都搞不清楚，社会上流行什么更是不关心。大伙都开玩笑说："王老师从来就不会花钱"。他夏天一身白衫黑裤，冬天外罩一件夹克，为数不多的几套西装只在正式场合穿，很长时间领带也只有一条，头上的那顶鸭舌帽一直戴到了晚年。

虽然无暇顾及生活，但王选不是两耳不闻窗外事的书呆子，相反，他热爱生活、喜欢大自然。他在给国外的侄女写信时，特意嘱咐"要学会交际，搞现代科研，组织管理极为重要，要学会张罗。不能成为书呆子，书呆子办不成大事。"

王选平日是一个不爱说话的人，在不熟悉他的人看来甚至有些严肃和内敛。但在作报告、致辞和接受媒体采访时，王选却像换了个人，侃侃而谈，旁征博引，幽默生动，见解独特。20世纪90年代，

在繁忙的工作之余，王选抄录了许多格言，反映了他追求的人生境界和价值观

王选作了大量专场报告，仅 1995 年到 2000 年患病前有记录可查的就达 250 余场，1998 年在哈尔滨曾创下一天连续作三场报告的记录。从党政机关、企事业单位到报社和印刷出版单位，从国务院副总理到普通大学生，都领略过他别具一格的演讲风采。

现在我过了 60 岁，从 55 岁开始一年戴一个院士桂冠，一下子成了"三院院士"，这样一想，还真是一个权威了。我发现人们把时态搞错了，明明是过去时，搞成了现在时，甚至以为是能主导将来方向的将来时。这是很大的误会。我这个年龄正是在高新技术领域容易犯错误的年龄，所以我告诫自己今后要多做好事、少做错事、不做坏事。

——王选

我要像当年攻克科研难关那样顽强地与疾病斗争

2000年3月,王选当选"99中国IT十大风云人物",他在评选揭晓仪式上发表了一段肺腑之言:

IT这样的行业,创业是极端不容易的,要付出极大的代价,要有一种心理承受能力和身体承受能力。所以我很欣赏这样一句话:创业有时是需要拿命来拼的。

我希望中国有更多的人,不要满足于写一篇论文、评一个职称、当一个院士。我希望他们真正把中国的高科技打到全世界各地,这是中国靠年轻一代才能完成的伟大事业!

大家都为王选充满拼搏精神和爱国豪情的话语深深打动,谁也没有料到,王选的生命即将面临最严峻的考验。面对生死考验,王选正是用"拿命来拼"的精神,以超出常人的意志和毅力谱写了一曲人生最后的、也是最为华彩的乐章……

2000年9月,王选赴马来西亚参加"马来西亚政府多媒体超级走廊"的国际顾问小组成员会议。回到北京后便开始发烧,治疗两周肺部仍有阴影。10月4日,大夫宣布了一个令所有人都不愿意相信的消息:王选患的是左肺支气管肺癌,已经到了中晚期,最多活不过两年!

陈堃銶听到这一噩耗,如五雷轰顶。她知道,63岁的王选担任着政、企、学三方面的工作,十分劳累,有时面临巨大的压力,常常整夜不能合眼。他是累垮的、压垮的……不过，悲痛只在陈堃銶心中停留了片刻就被她驱走了，她必须坚强起来，因为这时的王选最需要她的支持。

面对突如其来的打击，王选表现得十分镇静，他安慰陈堃銶说："不用担心，我们坦然面对、积极治疗，争取好的结果，在医学发达的今天，一切奇迹都可能发生。"一席话也增加了陈堃銶的信心，两人很快达成了默契，第二天早上，他们和往常一样出现在未名湖畔，从容自若地一个打太极拳、一个练气功。

确诊后的第三天，王选对陈堃銶说"你去锻炼吧，我就不去了。"等陈堃銶出门后，王选拿出纸和笔写下了遗嘱。

1. 人总有一死。这次患肺癌，即使有扩散，我将尽我最大努力，像当年攻克科研难关那样，顽强地与疾病斗争，争取恢复到轻度工作的水平，我还能为方正和北京大学计算机科学技术研究所尤其是为国家做一些力所能及的事情。

2．一旦医生会诊确定已全面转移，并经中医试验治疗无效，医生认为已为不治之症，只是延长寿命而已，则我坚决要求安乐死，我的妻子陈堃銶也支持这样做，我们两人都很想得开，我们不愿浪费国家和医生们的财力物力和精力，这点恳请领导予以满足。我要带头推动安乐死。

3. 在安乐死或正常脑死亡时，立即捐献我身上所有有用的东西，包括角膜，以挽救更多的生命。

4. 我死之后，在取出有用器官后，请务必于12小时之内送火葬场，家属不要陪同，只需少数人执行，骨灰不保留。12小时内火化完成，就可以完全避免遗体告别、追悼会等我最最反对的程序。

5. 死了以后不要再麻烦人，不得用公款为我设基金，除非我和陈堃銶自己的捐款，才可考虑设基金，基金也不一定用我的名字命名。

6. 我对国家的前途充满信心，21世纪中叶中国必将成为世界强国，我能够在有生之年为此作了一点贡献，已死而无憾了。

7. 我对方正和北京大学计算机科学技术研究所[①]的未来充满信心，年轻一代务必"超越王选，走向世界"，希望方正和北京大学计

---

① 作者著：王选写遗嘱时，北京大学计算机科学技术研究所和方正技术研究院还是同一个单位，所以只写了"方正"。2004年北京大学计算机科学技术研究所和方正技术研究院分为两个单位，王选向陈堃銶口述要在"方正"后加上"北京大学计算机科学技术研究所"。

2000年10月6日，在得知身患绝症后的第三天，王选写下了这份遗嘱，字里行间充满着对祖国和人民的挚爱、对年轻一代的希冀和超越生命的坦然。虽然部分遗愿由于种种原因未能实现，但体现出王选坦然面对生命的乐观豁达态度和唯物主义精神

算机科学技术研究所一代代领导能够以身作则,以德、以才服人,团结奋斗,更要爱才如命,提拔比自己更强的人到重要岗位上。

8. 我死后的财产全部属于妻子陈堃銶,我常说我一生有十个重大选择,其实我最幸运的是与陈堃銶的结合。没有她就没有激光照排。由她决定何时捐出多少财产。她对名利看得十分淡薄。

感谢关心我的领导、同事和同志们,务请按我遗嘱办事。有些未了的心愿,已口头交代给陈堃銶。

王 选

2000 年 10 月 6 日

遗嘱的最后一条,王选特意写到了妻子。作为王选最早也是合作时间最长的同事,陈堃銶与王选在事业上一直是并驾齐驱的。在研制激光照排系统的过程中,陈堃銶不仅负责软件的总体设计,还承担了核心部分的编程,设计出许多巧妙、独到的创新方法。陈堃銶十分低调,始终认为自己的才能并不出众,是项目给了她锻炼与创造的机会。她安于平淡,几次拒绝为个人报奖、评院士,并和王选约好不在媒体和公众场合谈论自己和家事,但今天,王选要向世人表明妻子在激光照排项目中的重要贡献,在自己心中的分量和位置。"没有她就没有激光照排",简单一句话,却道出了两层含义:其一,王选负责激光照排系统的总体设计和硬件设计,陈堃銶是软件系统的总设计者,两人缺一不可;其二,如果没有陈堃銶几十年的精心照料和精神支持,王选可能活不下来,激光照排更无从谈起。

看到王选的遗嘱,陈堃銶深深感受到丈夫置生死于度外的豁达态度和至死不渝的情感。

2000 年 10 月,王选做了左肺切除手术,然而一年后病情再次复发并不断转移。从确诊到去世的 1900 多天，王选有 794 天在治疗和住院，接受化疗 9 个周期、热疗 28 次、放疗 115 次。他豁达坚强，以超出凡人的毅力忍受着化疗、放疗以及其他治疗带来的巨大痛苦，并坚持边治疗边工作，参加会议和活动 340 余次，撰写文章 11 万字，打电话或把相关人员约到家中谈工作近 500 人次。

手术后的近半年时间，王选接受了 4 个周期的化疗和 30 次放疗。他像当年科研攻关那样与疾病顽强地斗争，仔细记录下每一次治疗过程和反应，后来自己没有力气记，就让陈堃銶帮着记。4 个疗程下来，王选头发都掉光了，化疗反应很大，但他坚持锻炼

30 年携手风雨情，王选和陈堃銶结婚 30 周年合影（1997 年）

王选豁达顽强，边治疗边工作，被大夫预言"活不过两年"的他坚持了五年多时间，创造了生命的又一个奇迹

2001年5月14日，王选在医院给学生郭宗明写的信

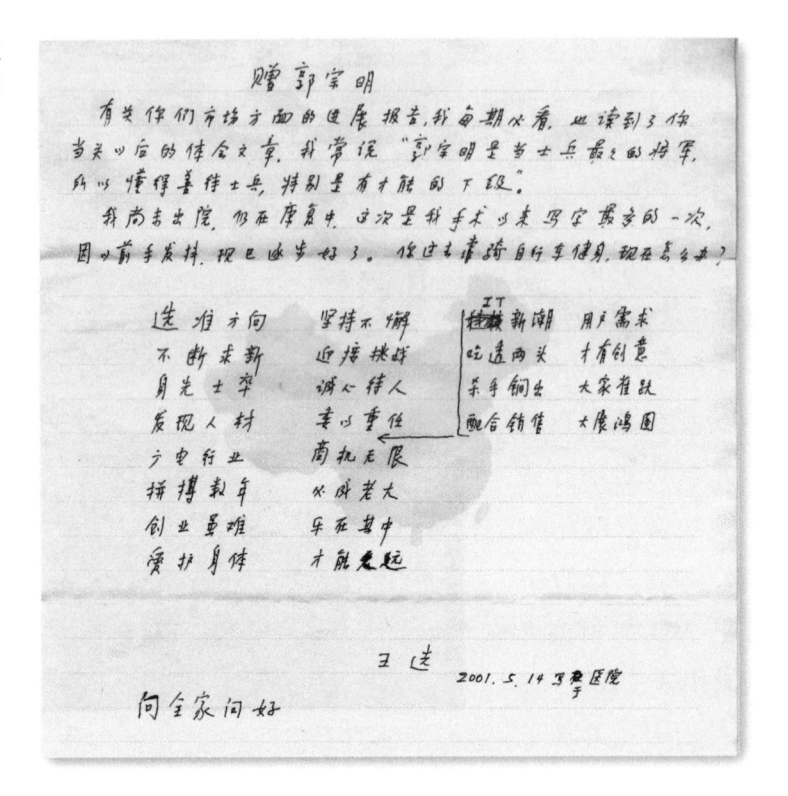

身体，还乐观地说："掉头发是化疗反应中最不难受的一种。"

由于医院看护严格，王选没有让大家来看望，但他记挂着单位的发展情况，惦念着年轻人有没有遇到什么困难，如何克服和成长……王选找出纸和笔，给自己的学生、数字媒体事业部副部长郭宗明写了一封信。由于手术后久不握笔，王选的手有些颤抖，从不写诗的他在信中赋诗一首，鼓励郭宗明努力拼搏。郭宗明从1990年开始先后读王选的硕士和博士，多年来，他从恩师那里得到谆谆教诲，被恩师的关怀和激励深深感动，一直把这封信和自己的博士学位证书珍藏在一起。

2001年初夏,在医院住了8个月的王选终于出院了。他意识到属于自己的时光正一天天逝去,必须与时间赛跑,尽快把自己的所思所想、经验体会总结出来,以启迪世人。王选生平著述丰富,《王选文集》收录的文章达50余万字,都是他亲笔撰写。俗话说"文如其人",由于从小喜欢文学和历史,加之受京剧唱念做打和历史典故的熏陶,王选具备了良好的文化底蕴,文风平实精练,思路流畅清晰。王选对纸张格外节省,他起草文章大多写在废纸上,每写完一篇,王选总是先拿给陈堃銶,请她做第一读者。陈堃銶经常帮王选查阅资料、核实情况、提出意见。工作人员打印后,他们还要用一

王选每写完一篇文章,总是先拿给陈堃銶,请她做第一读者

在患病的五年多时间,王选写下了37篇共11万字的论述,这是部分手稿

副"火眼金睛"仔细校对、反复修改，直到满意才定稿。

病痛不时袭来，使王选不能长时间写作，他只好写写停停，有时一篇文章要好久才能完成。即使这样，短短几个月时间，王选还是写下了《在困难和挫折中前进》《抓住机遇，走出国门》《脚踏实地，持之以恒》《善见他人之长是团队精神的基础》《情商要从青少年时代培养》等多篇观点鲜明、令人振奋和深省的论述。他还生动地写下了《回忆北大数学力学系的大学生活》和《北大数学系的三个优良传统》两篇回忆大学时光的文章，得到校友的赞赏。

接下来的日子，病情反复，治疗不断，王选抱定一个想法：治疗的时候积极配合，不治疗的时候抓紧时间投入工作，为国家和单位做一些力所能及的事。

在王选的内心深处，有着不同寻常的九三情怀。1993年11月，中共中央统战部邀请各民主党派中央、全国工商联领导人和无党派人士组团考察长江三峡库区和三峡工程的准备工作，王选也在受邀之列。在船上，王选与九三学社中央主席吴阶平一见如故，倾心交

2004年11月29日，王选在病中给潘建伟写的信

谈。后来王选加入了九三学社，并于1995年12月当选九三学社中央副主席。

在生命的最后几年，作为九三学社重要的领导人，王选主持起草了许多建设性意见和建议，为九三学社的建设和发展、为多党合作事业倾注了大量心血。他发现和动员著名的量子科学家潘建伟加入九三学社的经过更是一段传奇佳话。2004年11月，王选在获得"2004中国十大杰出青年"的名单中看到了潘建伟的名字，主动提笔给潘建伟写信，一方面表示愿意推荐他评选院士，另一方面语重心长地嘱咐他"院士和获奖不能成为科研的动力，你正处在创造的高峰，抓紧时间扎扎实实出更大的成绩无疑是头等大事"。潘建伟收到信后感到荣幸和深受鼓舞，在王选的推荐下，潘建伟加入了九三学社。现在，潘建伟已成为著名科学家、中国科学技术协会副主席和

2018年5月30日，在中国科学技术协会成立60周年百名科学家、百名基层科技工作者座谈会上，陈垄铼与潘建伟合影。陈垄铼对潘建伟说："王选当年说，很想见见这个年轻人，和他讨论一下量子纠缠，可惜未能如愿，今天我替他见见你。"

九三学社中央副主席，但直到王选去世，他和潘建伟从未见过面……王选以自己的高尚品质、人格魅力和特有的亲和力在九三学社社员中享有崇高威望，赢得了广泛的尊敬和爱戴。

2002年11月，王选肺部肿瘤复发，到西安接受了射频消融治疗。这是一种微创手术，将一根长针扎入肺部肿瘤进行烧灼，一般人几分钟就会疼得叫出声，而王选在近两个小时的治疗过程中竟忍住疼痛一声没吭。那是一个寒冷的冬日，手术下来王选已大汗淋漓、面无血色，大家要扶他走下手术台，他坚决地挥挥手说"我能行！"硬是自己走到了轮椅旁。人们很难想象王选瘦弱的身体里究竟蕴涵着多少能量。

治疗后还没等完全恢复，王选就急着赶回北京参加九三学社第八次全国代表大会。大会期间，王选不顾射频消融治疗引起胸部积水带来的病痛，坚持每天参会，主持相关会议。

担任全国政协副主席、九三学社中央副主席等领导职务的王选殚精竭虑、认真履职，为我国科教兴国战略提出了建设性意见和建议

2003年3月,在全国政协十届一次会议上,王选当选第十届全国政协副主席,肩上的担子更重了。去世前的短短三年间,他关心人民政协事业的发展,带病积极参与政协工作。2003年10月,他不顾腰部酸痛,坚持率全国政协委员视察团视察北京吸引留学人员回国创业工作情况,此后不久便发现癌细胞已转移到腹部主动脉周围。2004年4月,癌细胞又转移到锁骨淋巴,他仍坚持边治疗边工作,有时刚做完治疗便赶往会场,有时发着低烧还在看文件、写文章。从他患病到逝世,共参加340多次会议或活动,其中近30次全国政协的有关会议和活动是在做化疗、放疗或热疗期间出席的。

作为"国家中长期科学和技术发展规划总体战略顾问专家组"成员,王选不顾39℃高烧引起的浑身疼痛,坚持出席专家组会议,在基础研究、人才培养和建设、高新技术发展等方面提出了具有参考价值的观点和建议。在参加民主党派高层协商座谈会议时,王选呼吁"国家科研经费应重点投向充满活力和创新能力的科研团队",他一针见血地指出:

现在有些不良风气,一些单位千方百计争取项目、弄钱,因为评业绩时获得的经费数目也是一项指标,而且科研经费还可以个人提成。不少单位从未有过可应用的成果,但可以凭关系不断获得经费,"公关"能力往往比科研"攻关"能力更重要。这种现象对于真正能出大成果的团队是很不公平的。现在的关键是要建立科学、公平的科研经费分配机制,努力实现更好的投入产出比。

在身体允许的情况下,王选还出席了一些科教文体、技术创新方面的会议和活动,发表感言和心声。虽然身患重病,但他尽量不让会议邀请方提供讲话稿,而是自己准备提纲,即席讲话。看上去瘦弱无力的王选,一站到台上立即神采焕发、侃侃而谈。他归纳科研成功的

王选曾担任中国青少年网络协会名誉会长等职务，他非常关心青少年的健康成长。2003年12月，王选在与中关村三小的小学生亲切交谈时，勉励他们要"从小培养热爱祖国、热爱劳动、热爱集体、关心他人的精神，日后成为建设国家的栋梁之材"

因素，呼吁自主技术创新，总结出企业成功与失败的经验；他重视教育，提倡正确引导青少年使用网络；他讲解科学与艺术、科研与体育的关系……这些肺腑之言给人启迪、发人深省，为世人留下了一笔宝贵的精神财物。

身患重病的王选为工作和事业殚精竭虑，可他常常内疚地说："我身体不好，占了位置，却没干多少工作"。他哪里是"没干多少工作"，他所做的一切已远远超出他身体所能承担的负荷。

"咱们不输血了，把它留给更需要的人吧！"

经过肺部切除手术后，王选的一半胸腔几乎被掏空，筋肉粘连，呼吸时常感到困难，他曾私下对来看望的同志说："这个病一天 24 小时都在痛，没有一刻不痛。"即便如此，王选却十分乐观。他常开玩笑说："2001 年就说我的病已是晚期，现在更是晚期的晚期了。"有一种特殊治疗做完后要转到 ICU 重症监护室加强看护，他觉得自己病情没有这么重，时常下床来回走动，还对大夫说："我是'假冒伪劣'的重症品患者。"

此外，王选对待疾病又是理智、科学、客观而严谨的，他关注世界癌症医疗技术的发展情况，只要经临床试验有效，他愿意尝试任何一种新药。为了使治疗达到好的效果，王选以超出常人的毅力忍受着各种痛苦，没有流露出惧怕、焦虑的情绪，也从不喊疼或怕麻烦。他常笑着说："只要有用，到油锅里去炸炸也可以！"每次做完检查或治疗，王选都会向医护人员说声"谢谢"，有时难受得说不出话，就伸出大拇指弯几下表示感谢。

妻子陈堃銶是王选与疾病抗争的重要精神支柱。面对病魔，陈堃銶表现得同样豁达坚强，经常与医生一起讨论治疗方案。在王选患病的几年，陈堃銶从早忙到晚，无微不至地照料王选的饮食起居。什么时候该吃什么药，哪天做的何种治疗，她都记得清清楚楚。有一段时间，王

病中的王选（摄于2003年）

2004年4月，王选和陈堃銶在家中院里，夫妇二人以微笑坚强地面对人生

2005年2月5日，王选和陈堃銶在家中，这一天是王选68岁生日

选每天要打一种提高免疫力的针剂，为了少跑医院，陈堃銶学会了打针。王选的病最怕感冒，陈堃銶精心照顾，出门前总是细心地为王选围好围巾、戴上帽子，几年间王选一次感冒也没有患过。

2005年8月的北戴河，碧海蓝天，舒爽宜人。王选和陈堃銶第一次、也是唯一的一次带着亲友和工作人员来这里度假。金色的沙滩上，浪花轻轻拍打着海岸。王选坐在太阳伞下，在陈堃銶的陪伴下眺望远方，微笑着看孩子们在海水中嬉戏。遇上下雨，王选便把侄女的孩子叫到房间，教他们解一些有趣的数学题，陈堃銶则在旁边翻看报纸，老老少少享受着难得的悠闲时光。这是王选与亲友们最后的团聚。

2005年10月，王选肺部的癌细胞先后转移到腹主动脉周围、锁骨淋巴，病魔引起的

2005年7月27日,王选接受上海出版博物馆筹建领导小组的采访,谈到年轻一代的出色表现,他消瘦的脸庞绽放着笑容。这是王选最后一次接受个人专访

疼痛时刻啃噬着他。王选意识到属于自己的时间不多了,他忍着病痛用五天时间写了一篇长达7000字的文章——《给优秀人才提供良好的创新环境》,文中呼吁:

2005年8月,王选在北戴河的宾馆中教侄女的孩子们做数学题

制定国家中长期科技规划,确定主攻方向是绝对必要的,但有些成果是无法事先规划的,相对论和量子力学都不是规划出来的。有时选择人比选择项目更为重要,因为有了人会创造出事先想不到的重大方向。

要让优秀人才做自己喜欢的事情,要解脱他们的杂事和各种干扰(例如频繁的评估),使他们心无旁骛地埋头创新,只有长期积累和专注才能出大成果。

优秀的科研领导人和管理者在创新过程中至关重要。他们应有战略眼光,并且爱才如命,把创造条件、充分发挥手下成员的才华作为自己的重要职责。

文章写好后,王选专门写了一张字条给秘书丛中笑,叮嘱交

《光明日报》发表，同时转发给北京大学主管科研的领导，还幽默地加上一句："我已无能力写学术论文了，只能卖点狗皮膏药，送给你，不要讲客套。诚请批评指正。"

秋意渐浓。一天，王选得知科技部副部长马颂德要来单位考察网络出版项目，当时他的腿脚肿得很严重，浑身疼痛，平日他从不愿吃止痛片，怕吃多了有依赖性，更怕影响思考，但网络出版是王选十分重视的项目，他对陈堃銶说："给我吃点止痛片，我要去见一下马部长。"

来到单位，王选恳切地说："要做到产学研结合，有三类人非常重要：一是创新的灵魂人物；二是一支强有力的商品化队伍；三是清楚前景，善于开拓市场，能够领导整个产业的人。网络出版是代表印刷业未来前景的重大方向，希望这一技术像激光照排一样得到国家大力支持，在新的技术革命中起到主导作用。"这是王选最后一次在公开场合露面。

2005年11月的北京天气越来越凉了。8日上午，上海南模中学的罗绮蕃等老同学到家里看望王选。王选高兴地忘了病痛，和大家一起回忆起学生时代的老师和同学，回忆起少年时难忘的经历。临别前，王选一再叮咛大家，回到上海向他想念的老师和同学们问好。

上图：2005年10月，王选忍着病痛写下这篇近7000字的文章《给优秀人才提供良好的创新环境》，念念不忘如何培养优秀年轻人才。这是他留给世人的最后一篇文章

下图：王选附在最后一篇文章上的字条

2005年10月20日，病重的王选会见科技部副部长马颂德（左一），并将一本用北京大学调频挂网彩色技术出版的《黄冑画集》赠送给他。这是王选最后一次在公开场合露面

2005年12月，由于腹部肿瘤的压迫，王选彻底不能进食了，靠鼻饲输营养液维持生命。饥饿使王选每天都感到前胸贴着后背，但他仍坚持在病房里做一些简单的运动。后来做不动了，他就在病房里来回散步，再后来连踱步也没有力气了，就原地踏步，不愿轻易躺下。

时近年底，北京大学计算机科学技术研究所按照惯例要召开年终总结大会，王选已不可能出席，但他仍惦记着同事和学生们，有很多话要对他们讲。王选让陈堃銶用录音笔录下一段讲话，拿到会上放给大家听。由于鼻子里插着管子，王选讲话异常吃力，好不容易录好了，可其中一位同事的名字却说错了，这对王选来说是不能容忍的错误，他坚持再录一遍。短短三分钟的讲话，花了20分钟才录好。这段讲话也成了王选留给大家的最后声音。

2005年11月8日,王选在家中接待上海南模中学老同学,回忆难忘的少年时光。左起:罗绮蕃、周承民、王选、王世纶、胡天畏

2006年1月3日，王选觉得精神稍好一些，想起《科技日报》曾请他为报社成立二十周年题词，便让陈堃銶拿来纸和笔，咬牙撑起身子，颤抖着写下八个字："科教兴国，人才强国"。这八个字透着执着和坚定，是王选一生不懈追求的目标，他用无声的语言最后表达了对国家富强、民族兴旺的殷切期盼。

1月22日，侄女王侃来看望王选，让陈堃銶给他们拍张合影。陈堃銶在相机的取景框里看到，王选躺在病床上，已十分瘦弱的他眼神突然散发出明亮的光彩，脸上是一幅坚毅不服输的神情。陈堃銶颤抖着按下快门，为丈夫留下了生前最后一张照片……

2006年2月5日，在春节的鞭炮声中，王选度过了第69个生日。往年过生日都在家里，陈堃銶有时会煮一碗热气腾腾的面条端给王选，这次王选却什么也吃不进去……陈堃銶想起叠千纸鹤可以祈福，便拿来一些报纸坐在那里默默地叠了起来。大夫护士们看到了也一起叠，大家叠了99个千纸鹤送到王选病床前，祝愿他早日康复。王选看了吃力地笑着对大家说："谢谢，这是我手术后活过的第5个年头，是我五岁的生日！"

2006年1月3日，王选给《科技日报》成立二十周年的题词，这也是他的绝笔

2月10日，秘书送来一份北京大学计算机科学技术研究所发展建设的工作汇报，王选虚弱地躺在病床上，让陈堃銶一字一句地读给他听，叮嘱开展好相关工作，还特意加上一句：需要的话，他可以出面协调……

2月12日，正值中国的传统佳节元宵节，傍晚，王选突然消化道大出血，病情急剧恶化，经过几个小时的奋力抢救，血仍未能有效止住。王选被推进了重症监护室。

2月13日，天气格外阴沉，寒风凛冽。上午10时，胡锦涛总书记来到医院看望弥留之际的王选。陈堃銶向胡锦涛总书记转达王选的遗愿：不搞追悼会或遗体告别仪式。胡锦涛总书记说："王选同志是著名的科学家，还是要举行一个简单的遗体告别仪式，好向全国人民有个交代！"

陈堃銶又向医院和有关部门转达王选生前立下的遗嘱，包括安乐死、捐献器官以挽救更多生命等，但由于种种原因这一切很难实现，有关方面最终同意捐献角膜，但由于如此短的时间内找不到合适的受体，只好作罢。

时间在一秒一秒流逝，王选的呼吸越来越弱，血压不断下降，输进去的血和流出来的血颜色几乎没有区别。看着相知相伴一生的丈夫，陈堃銶毅然作出一个大胆决定：停止输血。她深知王选的心愿——"不愿浪费国家和医生们的财力、物力和精力"。

陈堃銶贴在王选耳边轻声地问："那……咱们不输血啦？现在血浆这么紧张，还是留给更需要的人吧？"

虽然闭着眼睛，王选的眼皮还是动了动，并微微点了点头。

这是一个无比艰难的决定，因为它关乎王选的生命；然而，这对王选夫妇来说又是一个自然而然的决定，因为他们的心里想的总是国家和

苟利国家生死以，岂因祸福避趋之！王选用自己的生命，成就了从小立志要"做一个好人"的人生追求

人民的利益，总是"为别人考虑"。

在场的医务人员看到这一幕，再也无法控制强忍多时的泪水，他们坚持要把从血库里领出来的血浆给王选输完⋯⋯

2006年2月13日11时03分，被医生认为最多活两年的王选，在与病魔顽强搏斗了五年零四个月之后，离开了这个世界，离开了他深爱的妻子，离开了他奋斗一生、深深眷恋的土地⋯⋯

陈堃銶伤心欲绝，她心中留下刻骨的痛，永远无法释怀：

我看到他流出了眼泪，我只知道王选流过三次泪：第一次，我手术的前一晚，他怕我下不了手术台，一个人悄悄地流泪；第二次，他母亲去世，他因为工作太忙，没能送老人最后一程，抱着母亲的照片伤心哭泣；这一次，是他病后第一次、也是唯一的一次流泪。我知道他舍不得离开这个世界，舍不得他的事业和亲人。他期待着建成先进的科研基地，使其涌现大批优秀科技人才和举世瞩目的科技成果，这是他对后人的殷切期待，但这一切却无法实现了⋯⋯

陈堃銶为王选写下一副挽联："半生苦累，一生心安。"她说：

我最初想的是，他的"半生苦累"已经解脱，实际上不是半生，应该是大半生。"累"大家都能理解，指的是工作上的劳累。为什么

我说他"苦"呢?"苦"有很多,其中一个"苦"就是他的病,他病的时间很长,年轻的时候就患过重病,晚年也是。除了病,他还受到一些磨难,比如"文化大革命"时期的打击,以及后来工作中遭遇的嘲讽、不信任甚至攻击等。所以我说他"苦""累"。

"一生心安"这四个字是受著名作家黄宗江先生的启发,他曾经给我们写过一封信,说"好人一生平安"这句话不对,好人并不见得平安,应该改一个字:"好人一生心安"。当时我和王选都很欣赏这句话。我想王选应该算是个"好人"了,所以我给他写下"半生苦累"后,立刻就想到了"一生心安"。

我总结王选的一生,想来想去,就是这八个字:半生苦累,一生心安。

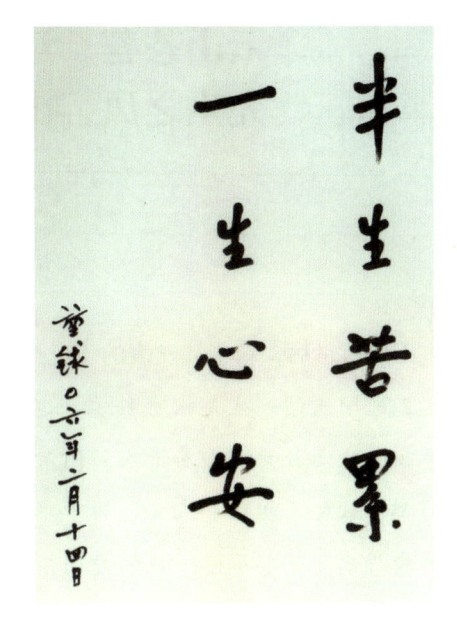

陈堃銶为王选书写的挽联,是对王选一生的贴切总结和评价

云山苍苍，江水泱泱，
先生之风，山高水长

王选逝世后，新华社发表的《王选同志生平》这样总结和评价他：

王选同志的一生是献身科学、追求真理的一生。他勇于创新，甘于奉献，生活朴素，平易近人。他对国家和人民忠心耿耿，把毕生的精力都奉献给了祖国和人民，为中华民族的伟大复兴和祖国的完全统一殚精竭虑、鞠躬尽瘁。他的爱国情操和崇高品德，永远值得我们学习和怀念。

各大媒体、网站纷纷发表悼念文章、开设悼念专题，表达无限的缅怀和思念。

《光明日报》以《汉字之伤》为题写道："在书籍中，在报纸上，在键盘的敲击中，在火热的生活里……今夜，这个为汉字倾注毕生心血的人——汉字用自身来表达对他的思念。"

网友们写下肺腑之言：

只要你读过书、看过报，你就要感谢他，就像你每天用电灯

各大报纸纷纷刊登文章悼念王选

时要感谢爱迪生一样。

这是一位让所有使用方块字的民族永远铭记的尊者。他给我们创造了快捷的信息载体，为数以千万计的人谋得了就业甚至致富的渠道，他让毕昇的发明进一步光大。

从不作秀，也不炫耀自己，没有后嗣，也没有显赫的财富，只有一身浩然正气，以及刚正不阿的脾气。您用自己发明的照排术，把您的名字印刷进了人们的心里。上帝也爱惜您的才华，才会把您这么早地召唤到天堂去。

北京大学下发了"号召全校师生员工向王选院士学习的决定"，并在百周年纪念讲堂的纪念大厅连夜紧急搭设灵堂，供师生员工和社会各界吊唁。这种纪念形式在北京大学历史上也是第一次。从2月14日到19日，到北京大学王选纪念灵堂吊唁的人数多达上万，许多人不止去了一次……

九三学社中央做出关于在全社各级组织和广大社员中开展向王选同志学习活动的决定，并隆重举行纪念学习王选座谈会，会上宣读了刘延东同志连夜赶写的长篇书面讲话《说不尽的王选，道不尽的思念》，字字句句充满深情。韩启德主席回忆起与王选的深厚情谊，感慨地说："王选同志一生所走过的学术历程和科学道路，他的自主创新精神和崇高人格，为九三学社留下了宝贵的精神财富，是我们一生都读不完的'大书'。"

2006年2月19日，北京八宝山革命公墓哀乐低回，庄严肃穆。人们依依不舍地向王选的遗体告别。胡锦涛总书记向陈堃銶表示深切慰问，他说："王选同志走了，他的名字将永远镌刻在中国科技发展史上，人民不会忘记他！"

2006年5月，中宣部、统战部、教育部联合发出通知，在广大知识分子和统一战线各界人士中开展向王选同志学习活动。三部委与九三学社联合组织了王选同志先进事迹报告团,在人民大会堂及全国各地进行巡回宣讲,所到之处,人们无不为王选的动人事迹和崇高精神所感动。

2007年12月,经国际小行星中心和国际小行星命名委员会批准,将中国科学院紫金山天文台1965年发现的一颗国际编号为4913号的小行星命名为"王选星"。从此,"王选星"承载着人们的思念,蕴含着王选的精神,永远闪耀在人类文明的宇宙星空。

多年来,祖国和人民没有忘记王选,不断追授他各种荣誉。

2018年12月18日,"庆祝改革开放40周年大会"在人民大会堂隆重召开,王选作为"科技体制改革的实践探索者",被党中央、国务院授予"改革先锋"称号,颁授改革先锋奖章。

2019年9月,在隆重庆祝中华人民共和国成立70周年之际,王选作为中华人民共和国成立以来作出重要贡献的模范人物,被国家

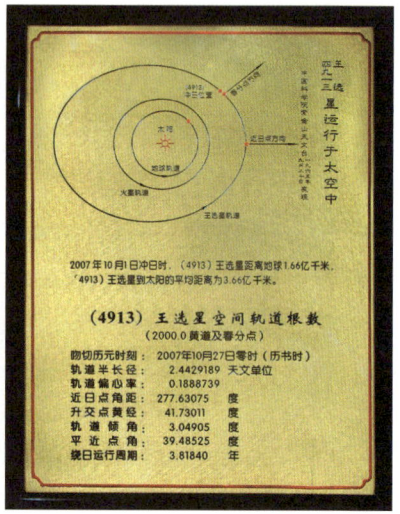

"王选星"命名铜匾

2009年9月，王选被评选为"新中国成立以来感动中国人物"

2009年12月，王选被评为"时代领跑者——中华人民共和国成立六十年最具影响的劳动模范"

授予"最美奋斗者"称号。

　　胡锦涛总书记在2006年两院院士大会的讲话中高度评价王选："前不久过世的王选院士，是我国院士的杰出代表，他献身科学、敢

王选获得的"改革先锋"证书和奖章

2019年10月,经北京大学批准,王选创建的计算机科学技术研究所正式更名为"王选计算机研究所"

王选获得的"最美奋斗者"证书

为人先、提携后学、甘为人梯,为我国广大知识分子树立了光辉的榜样。"

习近平主席在2010年俄罗斯"汉语年"开幕式的致辞中指出:"汉字是中华文明的重要标志,也是传承中华文明的重要载体。上个世纪80年代汉字激光照排系统问世，使汉字焕发出新的生机和活力。"

许多人会问，王选为什么成功？是什么精神和力量使他排除千难万险、锐意进取，从一个疾病缠身、命运多舛的北京大学小助教，成就为造福华夏的著名科学家？

在《我能取得成就的原因和不足之处》一文中，王选是这样总结的：

我能够取得科研成就的原因大概有以下几点：

1. 青少年时代注意培养良好的品德，懂得要为别人考虑，要以身作则。先要做个好人，才能成就事业。爱因斯坦说得好："只有为别人活着才是有价值的。"

2. 扎实的数学基础。

3. 30岁以前具备了计算机硬件和软件两方面的知识和具体实践，这在60年代是不多见的。

4. 长期在第一线上拼命干活。

5. 60年代初20多岁时，开始锻炼英语听力（这在当时也是不多见的），从而能够在较短时间内大量阅读国外文献，这对选择正确的技术途径和作出正确决策是十分重要的。

6. 对所在领域的发展趋势有较好的洞察力，从而能够正确选题。

7. 选定目标后能锲而不舍地长期拼搏，同时适应飞速发展的软硬件条件，不断求变，不断创新，不断更新换代，做到执着而不僵化。

8. 自信而不自负，认识自己的不足，懂得要依靠团队，尤其是提拔优秀的年轻人，为他们创造条件，而不要不懂装懂地对他们横加干涉。

我的不足之处也很明显，主要有：

1. 缺乏现代化的管理理念。

2. 不适合承担日常的管理工作。

另外，我只是一个科学家，我的基本素质与企业家差距甚远，当不了企业领导人。中国的高新技术企业现在最需要的是优秀的CEO、企业家和企业领袖，其次才是技术专家。

也许，这就是王选获得成功的秘诀，它凝聚着独特的"王选精神"：

百折不挠的献身精神，永不止步的创新精神；

细致踏实的工匠精神，顶天立地的开拓精神；

协作攻关的团队精神，甘为人梯的大师精神；

淡泊名利的大家精神，挑战生命的超凡精神。

这些品格风范，也是新时代科学家精神的集中体现。

初春的北京杏花吐蕊，草青柳绿。清明节前夕，人们来到全国首批科学家精神教育基地——北京大学王选纪念陈列室，向王选的肖像敬献菊花，表达崇敬与缅怀之情；聆听大师生动曲折的人生故事，深入了解王选当年带领科研集体艰苦攻关、研制汉字信息处理与激光照排技术并引发中国印刷技术革命的辉煌历程。如今，王选孜孜以求并为之终生奋斗的伟大事业和美好理想一步步变成现实，年轻一代在他"超越王选、走向世界"的殷切期望下，赓续传统，勇担使命，拼搏奉献，开拓未来。

年轻一代务必〈超越〉
王选·走向世界〉
王选

遍及世界的汉字印刷品，键盘点击出的每一个文字，都是对王选无声而永恒的纪念

图书在版编目（CIP）数据

王选画传 / 丛中笑著 . -- 北京：中国科学技术出版社，2024.6

ISBN 978-7-5236-0351-2

Ⅰ. ①王… Ⅱ. ①丛… Ⅲ. ①王选—传记—画册 Ⅳ. ① K826.16-64

中国国家版本馆 CIP 数据核字（2023）第 226378 号

责任编辑	韩　颖
封面设计	北京潜龙
正文设计	中文天地
责任校对	焦　宁
责任印制	徐　飞

出　版	中国科学技术出版社
发　行	中国科学技术出版社有限公司
地　址	北京市海淀区中关村南大街 16 号
邮　编	100081
发行电话	010-62173865
传　真	010-62173081
网　址	http://www.cspbooks.com.cn

开　本	787mm×1092mm　1/16
字　数	208 千字
印　张	14
版　次	2024 年 6 月第 1 版
印　次	2024 年 6 月第 1 次印刷
印　刷	北京瑞禾彩色印刷有限公司
书　号	ISBN 978-7-5236-0351-2 / K·375
定　价	98.00 元

（凡购买本社图书，如有缺页、倒页、脱页者，本社销售中心负责调换）